Kathleen Uttrodt

DENK mal REISE FÜHRER

für Baden-Württemberg

molino

Inhalt

Schließ die Augen und stell dir ein Schloss vor!

Ach so, zum Weiterlesen musst du die Augen natürlich wieder öffnen. Was hast du gesehen? Wie sah das Schloss in deiner Fantasie aus? Wie Hogwarts, die Zauberschule von Harry Potter? Oder wie das Dornröschenschloss aus Disneyland?
Du wirst staunen: Du musst gar nicht nach Schottland oder Paris fahren, um ein Schloss zu besuchen. Richtige echte Schlösser und tolle alte Klöster gibt es hier bei uns – in Baden-Württemberg! Also gleich um die Ecke. Einige davon wollen wir mit dir und deiner ganzen Familie besuchen. Ronja und Ben sind auch dabei.

Los geht's!

PS. Guck dir mal die Schrift vom Buch genau an! Dir fällt bestimmt auf, dass die Sätze von Ronja und Ben fett gedruckt sind und alle Erklärungen nicht. Weißt du, warum? Hier können Kinder und Erwachsene immer im Wechsel lesen – so macht es am meisten Spaß!

Die Herrgottsb'scheißerle

Kloster Maulbronn

„Das 1147 gegründete Zisterzienserkloster Maulbronn gilt als eine der am vollständigsten und am besten erhaltenen Klosteranlagen des Mittelalters nördlich der Alpen. Daher wurde es zum UNESCO-Welterbe“, liest Ronja aus einer Broschüre vor.
„Langweilig“, stöhnt Ben und kickt ein Steinchen vor sich her.
„Komm, wir spielen: Ich sehe was, was du nicht siehst! Ich sehe einen Esel!“ Ronja klappt die Broschüre zu und läuft rückwärts vor ihm her.
Ben bleibt stehen und schaut sich um. Kein Esel weit und breit. „Meinst du etwa mich?“, ruft er mit gespielter Empörung.
„Nein! Weiter oben!“, lacht seine Schwester.
„Das ist ja wohl eher ein Maultier“, meint Ben, als er das Wappen am Rathaus entdeckt hat.
„Und woran siehst du das?“, fragt Ronja.
„Das sehe ich nicht, das weiß ich“, schlaumeiert Ben. „Überleg doch mal, wie heißt der Ort hier? Eselsbronn oder Maulbronn?“
„Ach so – und wegen ‚Bronn‘ steht das Maultier neben einem Brunnen. Schau mal da vorne, der große Brunnen! Wer zuerst da ist! Los!“
Erschöpft lassen sich Ben und Ronja auf die Bank an der großen Linde fallen.

Einer Legende nach lud Ritter Walter von Lomers-

heim dem Maulesel einen Geldsack auf und ließ das Tier ziehen. Dort, wo es anhalten und die Last abwerfen würde, wollte er ein Kloster bauen. Der Maulesel blieb auf seinem Weg an der Stelle des heutigen Klosters stehen und brachte durch Hufschläge eine Wasserquelle aus dem Fels hervor.

Die Wahrheit ist vielleicht nicht ganz so zauberhaft, denn Maulbronn kommt einfach von „Mulenbrunnen". Das deutet auf die Lage des Klosters an einer Mühle und einer Quelle hin.

„Sag mal, Ronja, wie hieß nochmal der Mönchsorden hier?"

„Zisterzienser. Wieso fragst du?"

„Von dem habe ich noch nie gehört."

Dieser Orden entstand eigentlich aus Protest: Die Benediktiner hatten seit dem 6. Jahrhundert viele Klöster gegründet. Die Klöster hatten große Schenkungen erhalten und waren reich geworden. Man scherte sich immer weniger um die Regeln des Benedikt von Nursia: Statt Armut und Demut gab es Prunk und Reichtum – die Kirchen wurden mit prachtvollen und kostbaren Kunstwerken ausgeschmückt.

„Und das störte einen Mönch namens Zister Zienser, oder?", kombiniert Ben scharfsinnig.

Fast. Der Mönch, der sich daran störte, hieß Robert von Molesme. Er war ein Abt aus Burgund, das liegt in Frankreich. Er wollte, dass man sich wieder auf die alten Werte des Benedikt besinne. Deshalb gründete er im Jahr 1098 ein neues Kloster – und zwar in Cîteaux – gesprochen: „Zito“. Auf Latein heißt der Ort Cistercium. Daher der Name: Zisterzienser.

„Und die führten wieder ein einfaches Leben?“

Nicht nur das. Auch die Klosterbauten sollten einfach gehalten werden. Verzierungen sollte es ebenso wenig geben wie einen großen Turm. Seht ihr den kleinen Dachreiter? Das Glöckchen darin rief zum Gebet. Gehen wir hinein!

„Hier haben die Mönche also gebetet?“ Ronja betrachtet die hohen, dunkelbraunen Sitze, die links und rechts im Kirchenschiff aufgereiht sind.

Das Chorgestühl bot 92 Mönchen Platz. Die Holzschnitzereien zeigen Szenen aus der Bibel.

„Die konnten ja nicht mal leise tuscheln oder sich zuzwinkern beim Gottesdienst – zwischen den Sitzen sind immer so Trennwände!“, flüstert Ben.

„Warum ist denn da eine Mauer quer durch die Kirche?“ Ronja ist erstaunt.

„Na, vielleicht, damit Männer und Frauen getrennt waren – also Mönche und Nonnen“, verbessert sich Ben.

„Das kann nicht sein. Nonnen gab es hier nicht.“ Ronja zuckt die Achseln.

Die Chorschranke trennte den Bereich der Laienmönche vom Bereich der Chormönche. Chormönche waren Mönche, die lateinisch sprechen, lesen und schreiben konnten. Sie waren vor allem für die Gottesdienste verantwortlich. Laienmönche waren zwar auch zum Schweigen, Beten, Singen und Fasten verpflichtet, aber ihre Arbeit war vorwiegend in der Landwirtschaft und im Handwerk: Sie kamen oft aus niederen Schichten und unterschieden sich von den Priestermönchen durch Kleidung und Haarschnitt.

„Wissen Sie, was einmal im Jahr, am 21. Juni zwischen 11 und 12 Uhr, hier ist?“, fragt gerade eine Reiseführerin ihre Gruppe.

„Ich weiß es! Halb zwölf Uhr – Mittag!“, wispert Ben seiner Schwester ins Ohr und grinst.

Wenn an diesem Tag die Sonne ihren höchsten Stand erreicht, dann fallen Sonnenstrahlen durch eines der roten Glasfenster. Sie treffen die Dornenkrone der Christusfigur am Kreuz … und das wirkt, als ob die Figur tatsächlich blutet. Das nennt man auch das Maulbronner Wunder!

Jetzt staunt sogar Ben.

Guckt euch mal ganz genau das Kreuz an! Woraus ist das?

„Holz natürlich, sieht man doch!“, antwortet Ben gelangweilt.

Das Holz des Kreuzes ist in Wirklichkeit aus Stein – und es wurde mit der Jesusfigur aus einem einzigen Sandsteinblock herausgehauen.

Kaum zu glauben. Ben betrachtet das Kruzifix näher. „Und warum stehen die Enden von Jesu Lendenschurz so weit ab – als wäre gerade Sturm?“

Erkennt ihr vielleicht einen Buchstaben darin?

„Sieht aus wie ein S.“

C und S sind die Initialen des Künstlers – Conrad von Sinsheim.

Hinter dem Kreuz entdeckt Ben eine Zahl. „Hier steht sogar, wann der Conrad von Sinsheim das gemacht hat!“

„Sieht aber komisch aus, die zweite Zahl. Wie ein X mit einem runden Dach“, rätselt Ronja.

Die sieht aus wie eine halbe Zahl, die ihr kennt!

„Eine halbe Acht?“

Genau! Und was ist die Hälfte von 8?

„Vier! Dann heißt es 1413!“

Nicht ganz – die dritte Zahl sieht zwar aus wie eine 1, ist aber eine 7 – also 1473!

Im Brunnenhaus steht das Wahrzeichen des Klosters Maulbronn, ein wunderschöner Brunnen mit drei verschiedenen Becken. Der Brunnen bestand zu Klosterzeiten nur aus dem unteren Becken. Hier wuschen sich die Mönche, bevor sie zum Essen gingen.

Der Brunnen wird von einer natürlichen Quelle mit Wasser versorgt, die außerhalb und etwas oberhalb des Geländes liegt. Daher wird auch keine Pumpe für den Brunnen benötigt. Die oberen beiden Becken kamen erst bei einer Renovierung 1878 dazu. Alle drei Schalen stammen aber vom Klostergrund. Die untere Sandsteinschale stand schon immer hier, die Schale darüber stammt aus dem Jagdschloss und die kleinste Schale ganz oben aus einem Brunnen im Hof.

„Hast du schon den Baum gesehen? Da, vorm Fenster!“ Ronja deutet nach draußen.

Der schöne Magnolienbaum im Kreuzgang hat viele Fans – und sogar eine eigene Webseite! Dort kann man immer aktuell schauen, wie weit die Blüten sich gerade geöffnet haben.

„Ich hab vielleicht einen Hunger“, knurrt Ben mit seinem Magen um die Wette.

„Oh, da weiß ich was – komm, wir gehen Maultaschen essen! Die wurden nämlich hier im Kloster Maulbronn erfunden!“, sagt Ronja und zieht Ben in Richtung eines schönen Fachwerkhauses im Hof.

„Jetzt verscheißerst du mich aber, oder?“

„Keineswegs! Aber die Mönche, die haben den lieben Gott ein bisschen verscheißert.“

Es war gegen Ende der Fastenzeit, als der Laienbruder Jakob auf dem Heimweg vom Reisigsammeln unverhofft in den Besitz eines schönen Stücks Fleisch gelangte: Ein flüchtender Dieb hatte seinen Sack mit Beute direkt vor Jakobs Füße fallen lassen. Zurück im Kloster, entdeckte er den schmackhaften Inhalt. Es war den Mönchen verboten, Fleisch zu essen. Nur Geflügel und Fisch waren erlaubt. Doch Jakob brachte es nicht übers Herz, den wertvollen Fund wegzuwerfen. Da kam ihm die rettende Idee: Er hackte das Fleisch klein und mischte es unter das Gemüse. Weil ihn trotzdem das schlechte Gewissen plagte, versteckte er das Ganze in kleinen Taschen aus Nudelteig. So konnte er das Fleisch vor den Augen Gottes und seiner Mitbrüder verbergen und servierte die gefüllten Teigtaschen als Fastenspeise. Im Volksmund werden die Maultaschen daher auch „Herrgottsb'scheißerle“ genannt.

„Ein Hoch auf den findigen Jakob, ein echtes Käpsele!“, ruft Ben. Beim Anblick der lecker duftenden gerösteten Maultaschen, die gerade serviert werden, läuft ihm das Wasser im Munde zusammen.

„Wusstest du, dass die Mönche im Winter nur einmal am Tag zu essen bekamen?“, fragt Ronja mit vollem Mund. „War bestimmt nicht lustig, das Mönchsein früher. Im Winter wurde nur ein Raum im ganzen Kloster geheizt! Und zwar durch Löcher im Boden!“

„Echt? Die hatten eine Fußbodenheizung?"

Unter derm „Kalefaktorium", der Wärmestube, gab es einen Heizraum. Diese geschlossene Feuerstelle konnte von außen bedient werden. Durch verschließbare Öffnungen strömte die erwärmte Luft nach oben in die darüberliegende Wärmestube. Dort durfte sich jeder der Mönche eine Stunde am Tag aufwärmen.

„Hu, blieben noch 23 kalte Stunden."

Die Mönche schliefen im Mittelalter auf Strohsäcken – in einem ungeheizten Schlafsaal nebeneinander. Übrigens blieben sie auch nachts angekleidet: Habit und Gürtel wurden beim Schlafen nicht abgelegt, um jederzeit für das Gebet bereit zu sein, welches gemäß der Benediktsregel schon um zwei Uhr morgens begann und siebenmal am Tag die harte Arbeit unterbrach.

„Sag mal", Ben schaut sich um, „leben denn heute auch noch Mönche hier? Ich hab jedenfalls noch keine gesehen."

Vor knapp 500 Jahren ließ der Herzog von Württemberg die Männerklöster Württembergs in Klosterschulen umwandeln. Auch in Maulbronn sollte nun der evangelische Pfarrernachwuchs ausgebildet werden. Sogar Kinder aus ärmeren Familien hatten erstmals die Chance auf eine höhere Schulbildung. Aber sie mussten versprechen, anschließend Theo-

logie zu studieren, um dann Pfarrer oder Lehrer zu werden. Die Jungen im Alter von 10 bis 14 Jahren bekamen ein Stipendium für die Ausbildung, sofern sie die Aufnahmeprüfung bestanden haben.

„Und die Mädchen?"

Nein, für Mädchen galt das nicht. Der Schulalltag war stressig: Ein Haufen Lernstoff, strenge Disziplin und hoher Erfolgsdruck. Hermann Hesse, ein berühmter deutscher Schriftsteller, ist sogar mal als Kind von hier weggelaufen, weil er die Schule so unerträglich fand. Er schrieb über seine schlimmen Erfahrungen in einem seiner Bücher, es heißt „Unterm Rad".

So streng wie bei Hesse wird die Schule hier wohl nicht mehr sein, oder?", fragt Ronja.

„Guck mal, hier gibt es heute auch Mädchen!", grinst Ben.

„Logisch, wir leben ja auch nicht mehr im Mittelalter! Was ist das für ein Turm dort in der Ecke vom Garten – mit dem Fachwerk obendrauf?"

Das ist der Faustturm. Der verschwenderische Abt Entenfuß, der gerne bauen ließ und deshalb immer Geld brauchte, soll einmal den Alchimisten Faust eingeladen haben. Wie viele seiner Zeitgenossen versuchte der, Gold herzustellen. Entenfuß erhoffte sich, mit Fausts Hilfe aus den Schulden herauszukommen. Das gewünschte Ergebnis kam aber nicht zustande und Entenfuß wurde von seinen Mönchsbrüdern wegen Misswirtschaftens abgesetzt.

„Der Faust, den Goethe geschrieben hat? Ich dachte, den gab es gar nicht wirklich!"

Den Doktor Faust gab es wirklich. Er ist ganz in der Nähe von hier geboren, in Knittlingen. Dort gibt es sogar ein Faustmuseum. Aber zu einer legendären Figur wurde er erst nach seinem Tod. Er starb vermutlich durch eine Explosion in seinem Labor.

Ronja raunt verschwörerisch: „Wusstest du eigentlich, dass Goethe nur abgeschrieben hat?"

Ben schaut sie ungläubig an.

„Ja, es existiert sogar ein Leihschein aus einer Bibliothek – unterschrieben von Goethe höchstpersönlich! Goethe hat das Buch eines gewissen Widmann aus Hall ausgeliehen. Und die Story fand er so gut, dass er sie ausgebaut – und dann unter seinem Namen groß rausgebracht hat."

„Widmann aus Hall? Meinst du Schwäbisch Hall? Da müssen wir auch mal hin. Da gibt es doch ein berühmtes Marionettentheater, das den Faust spielt."

Ben ist plötzlich hellwach.

„Und ein tausend Jahre altes Kloster gibt es dort auch: die Comburg! Auf nach Schwäbisch Hall!"

◆

Auf Löwensuche

Kloster Comburg

„Ich komme mir vor wie eine echte Prinzessin!“ Die Lindenallee führt den Berg hinauf, vorn sieht man schon das prächtige Eingangstor.

„Willkommen auf der Comburg!“ Ben macht eine theatralische Verbeugung vor seiner Schwester. „Edles Fräulein, schauen Sie keinesfalls nach links oben, an die Mauer! Eure Durchlaucht würde vor Schrecken in Ohnmacht fallen!“

„Aber aber, Herr Baron!“, flötet Ronja. „Ein Narr, der mir frech die Zunge herausstreckt, kann mich doch nicht schrecken!“

„Nicht nur das, meine Verehrteste – er zeigt uns auch den blanken ...“

„... Hintern!“ Ronja lacht.

Das ist Lecks Fiedle. So wird die Figur mit der Narrenkappe im Volksmund genannt. Der sollte böse Geister von den Bewohnern fernhalten.

Sie gehen durch zwei weitere Tore hindurch. „Apropos Bewohner: Wohnt denn hier noch jemand?“, fragt Ben. „Hallo!“

Pst! Nicht so laut! Hier drücken Lehrer die Schulbank!

„Müssen die etwa nachsitzen?“

Ein altes Sprichwort heißt: „Man wird alt wie eine Kuh und lernt immer noch dazu!“ Hier lernen Lehrerinnen und Lehrer was dazu, sie bilden sich fort – zum Beispiel, um eine Schule zu leiten.

„Und früher? War das mal eine Burg – so wie der Name sagt: Com-Burg?“ Ben schaut sich fragend um. „Und aus den Schießscharten im Wehrgang haben die Ritter die Angreifer beschossen, oder?“

Eine Burg gab's hier wirklich mal: Vor ungefähr 1000 Jahren bauten hier die Grafen von Rothenburg eine Burg, denn von Burgen hatte man einen prima Überblick über die Straßen ringsum. Man konnte den Straßenverkehr kontrollieren. Der bestand damals natürlich nicht aus Autos und LKWs, sondern aus Pferdekutschen und Ochsenkarren. Und man konnte Zoll erheben.

„So ähnlich wie eine Mautstelle auf der Autobahn heute?“

Genau. Aber der Wehrgang wurde erst viel später gebaut, als hier gar keine Ritter mehr lebten. Er diente nur noch der Schönheit – und bei Regen kann man im Trockenen spazieren gehen. Einmal um die Comburg herum ist fast ein halber Kilometer!

„Und die Ritter?“ Ben lässt nicht locker.

Die Comburg erbten vier Brüder: die jungen Grafen Emehardt, Burkhart, Rugger und Heinrich. Emehardt hatte schon eine Anstellung bei der Kirche in Würzburg. Aber die drei anderen Brüder könnt ihr sogar sehen, wenn ihr hier, vor der neuen Dekanei, nach oben schaut!

„Die drei Ritter da oben, die in der Mitte das Wappen mit dem Löwenkopf haben? So sahen die also aus?"

Die Künstler haben ein bisschen improvisiert: Zum einen wurde das Relief lange nach dem Tod der Brüder angefertigt. Man konnte also nicht mehr wissen, wie sie wirklich ausgesehen haben – und Fotos gab es ja noch nicht. Außerdem waren zu Lebzeiten der Grafen Wappen noch gar nicht üblich. Der Löwe wurde erst später zum Zeichen der Comburg.

„Und was hat der Löwe da im Maul?"

Das soll ein Dachsparren sein. Vielleicht deutet das darauf hin, dass hier viel gebaut wurde. Böse Zungen behaupten, der Löwe hätte einen evangelischen Pfarrer verschluckt und nur sein „Beffchen" – also die weiße Halsbinde – würde noch herausschauen!

Ben muss bei dieser Vorstellung lachen. Sie schauen sich um, ob man noch mehr Comburgwappen entdecken kann. Bei ihrer Suche kommen sie unter der geheimnisvollen Sechseckkapelle hindurch: Eine Treppe führt sie nach oben.

„Ronja, schau mal über uns!"

„Oh, wie schön! Das sieht ja aus wie 3D! Lauter Würfel! Ich wusste gar nicht, dass es optische Täuschungen schon so lange gibt!"

Erschöpft lassen sie sich auf die Stufen vor der Kirche fallen.

„Die hatten ja ganz schön viel Platz – und schöne Häuser, die Ritterbrüder!“, sagt Ben anerkennend.

Von der damaligen Burg ist außer dem Namen nichts übrig geblieben. Die ältesten Gebäude stammen aus der Zeit, als Graf Burkhart seinen Teil der Burg in ein Kloster umbauen ließ.

„Wieso das denn?“

Burkharts Rücken war krumm gewachsen und er hatte ziemliche Schmerzen. Deshalb konnte er nicht so rumrittern wie seine Brüder und nicht so viel Ruhm und Ehre einheimsen. Also beschloss er, sein Leben Gott zu weihen, sich gut auf das Jenseits vorzubereiten und wurde Mönch. Und wo lebt ein Mönch?

„Na, im Kloster!“

Darum kam er auch auf die Idee, die Burg in ein Kloster umbauen zu lassen.

„Und seine Brüder waren damit einverstanden?“, fragt Ben ungläubig.

Darüber sind sich die Forscher nicht ganz einig. Manche schreiben, er hat es heimlich gemacht, wenn seine Brüder unterwegs waren. Fakt ist aber, dass zwei Brüder später im Kloster mitgearbeitet haben. Rugger war so etwas wie der Verwalter und Heinrich wurde hier Mönch. Kommt, wir gehen in den Kreuzgang. Ich zeige euch, wo die Mönche gewohnt haben.

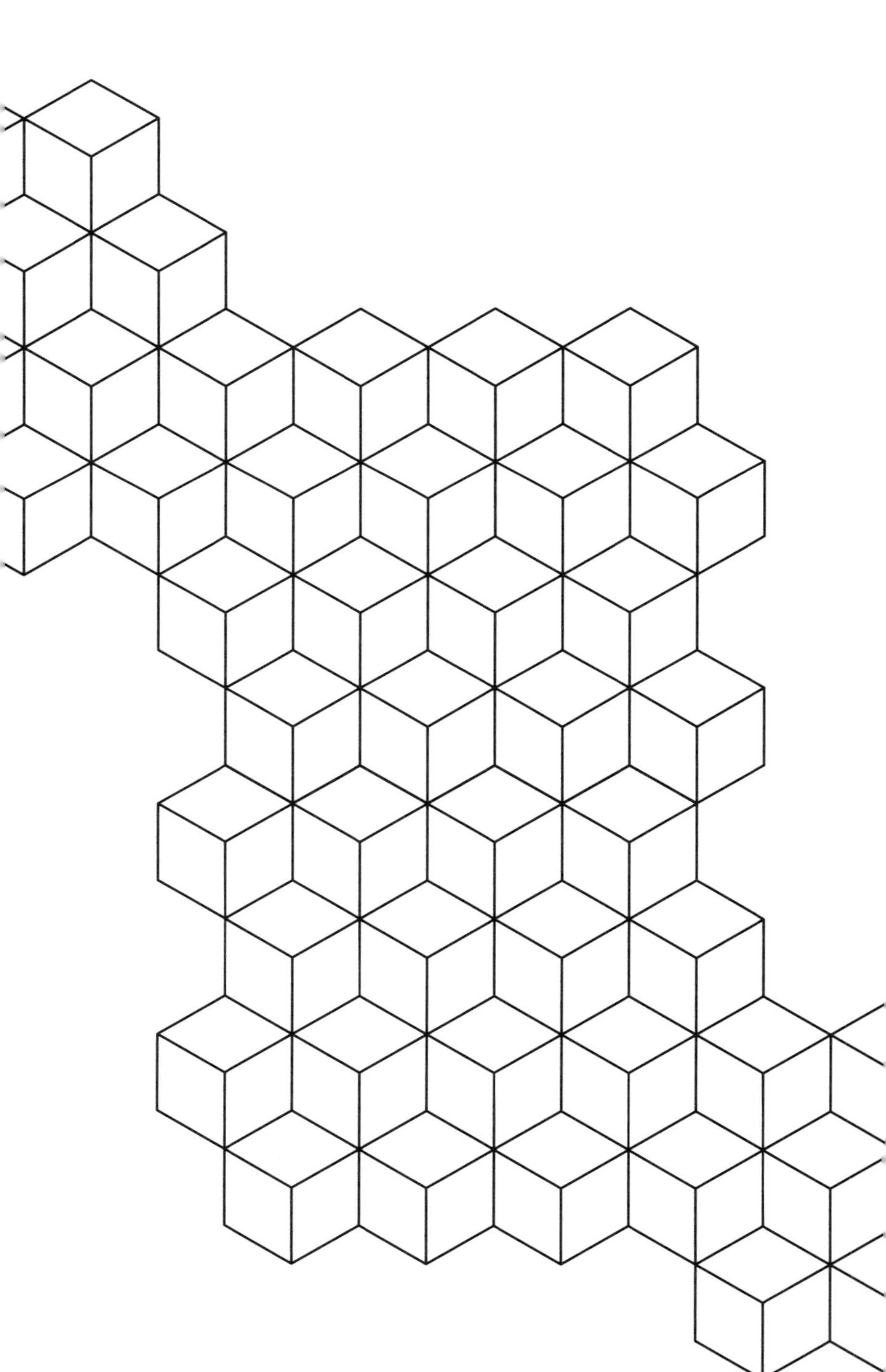

„Wo ist denn der Brunnen? Sonst ist in der Mitte des Kreuzgangs doch meistens ein Brunnen. Und hier steht in der Mitte bloß ein Bäumchen!“, beschwert sich Ronja.

Die Mönche hatten ein Brunnenhaus. Das war ein Raum in dem Turm, den ihr hier seht, unten drin.

„Da mussten die aber ganz schön tief bohren bis zum Grundwasser. Und so ganz ohne Maschinen hat das sicher lange gedauert ...“, grübelt Ben.

Die mussten gar nicht bohren. Das Wasser kam in einer Leitung aus Hessental herunter!

„Herunter? Die Comburg liegt doch auf einem Berg!“ Ronja tippt sich an die Stirn.

Je nachdem, von wo man schaut: Von der Stadt Hall und von Steinbach aus gesehen, thront die Comburg wirklich auf einem kahlen Berg – daher der Name Comburg. Aber der Ortsteil Hessental liegt höher als die Comburg. Wenn man von da über die Ebene sieht, dann gucken von der Comburg allerhöchstens die Turmspitzen heraus, so sehr duckt sie sich ins Tal.

„Und wie oft mussten sich die Mönche waschen?“

Einmal.

„Was? Nur einmal im Jahr?“

Nein, einmal in der Woche.

„Die hatten es gut!“, seufzt Ben.

Meinst du? Na, dann kommt mal mit rein in den Kapitelsaal!
Sie gehen durch eine schwere Tür am Ende des Kreuzgangs in einen schummrigen Raum.
„Hier riecht's aber komisch! Nach alten Gemäuern irgendwie!"
„Und was hat so ein Mönch den ganzen Tag gemacht?", fragt Ben neugierig.
Darüber wissen wir ziemlich gut Bescheid, denn sie waren Benediktinermönche. Und der heilige Benedikt aus Nursia, der diesen Orden gegründet hat, schrieb alle Regeln genau auf. Habt ihr eine Idee, woran sich die Mönche halten mussten?
„Sie lebten in Armut!"
Richtig, ein Benediktinermönch durfte kein Eigentum haben.
„Nichts – nicht mal einen Kamm oder so?" Ronja denkt an all die Dinge, die sie besitzt.
Kein Buch, keine Schreibtafel, gar nichts. Außerdem gehörten zu den wichtigsten Verhaltensregeln Keuschheit, Gehorsam und Demut: Den Kopf geneigt – die Augen zu Boden gesenkt – nur sprechen, wenn man gefragt wird – und: nicht lachen.
„Nicht lachen? Das würde ich nicht aushalten!", stellt Ben entschieden fest.
„Ist das echt?", fragt Ronja begeistert, die jetzt hin-

ter einem alten, steinernen Lesepult steht.

Ja, das ist original. Von dieser Stelle hat jeden Tag ein Mönch ein Kapitel aus dem Regelwerk vorgelesen – zur Erinnerung sozusagen. Daher auch der Name: Kapitelsaal!

„Wer sind denn diese Ritter?“ Ben ist fasziniert von den Steinplatten mit Wappen und Ritterfiguren, die ringsum die Wände schmücken.

Das sind Grabmäler einer adligen Familie, der Schenken von Limpurg, die hier beerdigt wurde. Die Mönche hatten nämlich unter anderem die Aufgabe, jeden Tag für diese Verstorbenen zu beten.

„Wie oft mussten die Mönche denn beten?“

Alle drei Stunden, auch nachts. Ganz schön hart, oder? Wenig Schlaf, viel Arbeit, karge Kost und strenge Vorschriften – kein Wunder, dass das nicht ewig gut ging. Nach ungefähr 400 Jahren häuften sich die Beschwerden über die Mönche. Sie hielten sich nicht mehr an die Regeln, wurden immer öfter erwischt: beim Dorftanz, besoffen, in Prügeleien verwickelt. Zum Glück fand man eine Lösung: Man wandelte das Kloster 1488 kurzerhand um – in ein Chorherrenstift.

„Chorherren? Haben die in einem Chor gesungen?“

Chorherren leben in einem Orden, ohne Mönche zu sein. Die zehn bis zwölf Chorherren der Comburg stammten aus adligen Familien und hatten viel mehr

Freiheiten als Mönche: Sie durften eigenen Besitz haben, in schönen Häusern wohnen und mussten überhaupt nur zwei Wochen im Jahr anwesend sein. Ihre Aufgaben – also zum Beispiel das Beten, Singen und die Gottesdienste für die Verstorbenen – konnten sie einfach an die Vikare weitergeben.

„Klingt ja ganz entspannt!"

Ganz entspannt war man nicht lange. Um 1525 gab es viel Bewegung in der Kirche – durch die Reformation.

„Ich weiß! Martin Luther!", platzt Ben heraus.

Hier in dieser Gegend war es vor allem Johannes Brenz, der das Kirchenwesen reformierte. Und nicht nur das – er forderte zum Beispiel auch Schulbildung für Mädchen.

„Bin ich froh, dass ich heute lebe!", stellt Ronja erleichtert fest. „Und dass der Brenz sich durchge-setzt hat. Wurden dann eigentlich alle in Schwäbisch Hall evangelisch?"

Die Comburg nicht. Die blieb eine katholische Insel im evangelischen Land.

Vielleicht wollte man ein Zeichen setzen und kam deshalb auf die Idee, die Comburg zu verschönern: Die Kirche wurde 1707 bis 1715 umgebaut: Das gesamte Dach und die Wände wurden abgetragen – nur die drei Türme blieben stehen. Die Kirche wurde neu aufgebaut: breiter, höher und heller.

Sie kommen aus dem dunklen Kapitelsaal in das helle Kirchenschiff. „Ist der auch bei dem Kirchenumbau dazugekommen?“, fragt Ronja und zeigt nach oben auf einen großen, prachtvollen Leuchter von etwa fünf Metern Durchmesser, der mit vielen Kerzen geschmückt ist.

Nein, das ist ein Kunstwerk, das schon in der Vorgängerkirche hing. Zum Glück entging der Radleuchter der Säkularisation!

„Der Säku- was?“

Sä-ku-la-ri-sa-tion bedeutet, dass kirchlicher Besitz von weltlichen Herrschern übernommen wurde. König Friedrich I. ...

„Ist das der, der auch der Dicke Friedrich genannt wurde und im Sommer in Schloss Ludwigsburg wohnte?“, wirft Ben ein.

Genau der! Friedrich war 1802 regierender Herzog von Württemberg. Er schickte seine Soldaten auf die Comburg, sie sollten alles Gold, Silber und was sie noch so Wertvolles finden, aus der Comburg einsacken und nach Ludwigsburg bringen.

„Und was hat er dann mit den ganzen Kirchenschätzen gemacht?“

Eingeschmolzen – für neues Tafelsilber! Aber den Radleuchter haben seine Soldaten zum Glück nicht beachtet. Der war damals ja auch noch mit einer unansehnlichen Ölfarbe angepinselt.

„... 45, 46, 47, 48 Kerzen! Wie zündet man die eigentlich an? Etwa mit einer riesigen Leiter?“

Der Kronleuchter kann mit dem Seil heruntergelassen werden. Das passiert auch heute noch dreimal im Jahr: in der Osternacht, an Weihnachten und an Silvester. Dann ist es immer ganz dunkel in der Kirche, es drängen sich viele Menschen zusammen und durch das Entzünden der Kerzen wird es nach und nach hell.

„Oh, das klingt feierlich!“

Ja, bis auf einmal. Nach dem Weihnachtsgottesdienst 1848 – da gab es einen fürchterlichen Rums!

Die Kinder zucken zusammen.

Da war nämlich das Seil gerissen und der Radleuchter knallte zu Boden! Zum Glück wurde niemand verletzt, aber die Ölfarbe platzte an einigen Stellen ab und – was kam zum Vorschein?

„Gold!“

Genau! Man entdeckte, dass der Radleuchter nicht nur wunderschön vergoldet war, sondern auch die über 400 verschiedenen Figuren und die Inschrift kamen wieder richtig zur Geltung.

„Und was steht dort geschrieben?“

Die Inschrift sagt, dass Abt Hartwig den Radleuchter stiftete. Der war sozusagen der dritte Chef des Klosters. Und die zwölf Türme stellen den Rat der

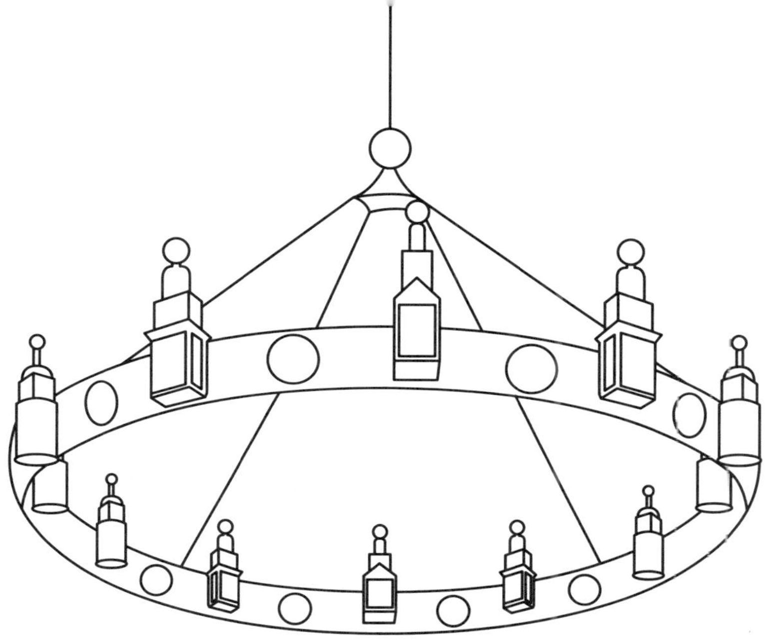

Apostel dar. Schaut mal, das Antependium, der Altarschmuck, ist aus der gleichen Zeit!

Die Kinder betrachten den goldglänzenden Altarvorsatz. „Da sind ja wieder die zwölf Apostel! Und in der Mitte, das ist bestimmt Jesus!"

Auch das Antependium hat Abt Hartwig gestiftet. Und weil man weiß, wann der lebte, kann man auch sagen, dass diese Kunstwerke vor etwa 850 Jahren entstanden sind. Übrigens ist Hartwig hier in der Kirche begraben – gleich hinter dem Altar steht der Sarkophag.

Ben läuft ein leichter Schauer über den Rücken, als er sich umdreht und an den sargähnlichen Steinkas-

ten herantritt. Vorsichtig streicht er mit dem Finger darüber. „Und da drin liegt er?“

Insgesamt wurden die Knochen von vier Menschen darin bestattet: zum einen Burkhardt: der Graf und Klostergründer. Seine Knochen waren bei einer Untersuchung wegen seiner Knochenkrankheit leicht zu erkennen. Und außerdem noch Burkhardts jüngerer Bruder Heinrich, der auch hier Mönch war, dann der Mitbegründer Wignand, ein reicher Kaufmann aus Mainz – und eben der dritte Abt des Klosters, Hartwig.

„Den Burkhardt mag man ja erkannt haben – aber die anderen? Hatten die etwa einen Personalausweis dabei?“ Ronja guckt skeptisch.

So ungefähr: Man legte den Verstorbenen Bleiplättchen in den Mund. Darauf stand ihr Name.

Die Kinder staunen. „Und wer sind die da oben?“, fragt Ronja und zeigt auf die fünf großen goldenen Figuren am Hochaltar.

Um das zu wissen, braucht man keinen Personalausweis und keine Bleiplättchen: Die Heiligen erkennt man an ihren Zeichen oder Attributen. Ganz links, mit dem Fellmantel, ist Johannes der Täufer. Dann kommt ein Bischof mit drei goldenen Kugeln, das ist der Heilige Nikolaus, der Namensgeber dieser Kirche hier. In der Mitte natürlich Maria! Rechts neben ihr steht der heilige Benedikt.

„Ach so, wegen der Benediktinermönche! Wieso hat der denn einen Becher? Hat der auch so gern gebechert wie manche Mönche?“

Du meinst, Wein und Bier gesoffen? Nein. Man wollte ihn vergiften, aber eine Schlange hat ihn gerettet! Und ganz rechts, mit dem Jesuskind auf dem Arm, das ist der Josef, Marias Mann.

„Ein richtig moderner Vater also, wenn er sich ums Kind kümmert!“, meint Ben. Als sie zum Ausgang gehen, entdeckt er noch sieben Damen in goldenen Gewändern auf der Kanzel. „He, Ronja, schau mal – die eine da oben macht gerade ein Selfie!“

Die aufgehübschte Dame mit dem Spiegel stellt eine der sieben Todsünden dar: die Eitelkeit.

„Sieht aus wie die böse Stiefmutter von Schneewittchen: Spieglein, Spieglein an der Wand, wer ist die Schönste im ganzen Land?“, trägt Ronja mit verstellter Stimme vor.

„Wie wär’s denn mit einem Besuch in Ludwigsburg?“, schlägt Ben vor.

„Du meinst, weil es da auch einen Märchengarten gibt? Au ja! Auf nach Ludwigsburg!“

◆

Im königlichen Himmelbett

Residenzschloss Ludwigsburg

„Ich weiß schon, wo ich hinwill!“ Ronja hüpft wie ein Flummi auf und ab.
„Ich will unbedingt ins Kinderreich! Verkleiden, Schminken, Spielen, Himmelbett ... Und in den Märchengarten! Zum Rapunzelturm – und auf den Wasserspielplatz!“
„Ich will eine Bootsfahrt in den Bauch des Walfischs machen und in die Herzogschaukel! Aber zuerst schauen wir uns das Schloss an.“
„Ui, das ist ja riesig!“, staunt Ronja und dreht sich im Kreis.
Früher stand hier der Erlachhof. Er gehörte zum Kloster Bebenhausen. Hier wurden die Steuerabgaben der Bauern eingelagert. Ständig war der Hof bedroht, deshalb bekam er eine Mauer mit Wehrgang, einen Graben und eine Zugbrücke – wie eine richtige Burg. Genützt hat es nicht viel. Insgesamt dreimal wurde er niedergebrannt.
Ben und Ronja schauen sich erschrocken an.
Der württembergische Herzog Eberhard Ludwig ließ den Erlachhof zu einem kleinen Jagdschloss umbauen. Er war nämlich leidenschaftlicher Jäger! Im Jahre 1702 war das Schloss zwar fertiggestellt, aber Eberhard Ludwig war nicht zufrieden.
„Wieso das denn? Er kannte doch sicherlich vorher die Pläne!“ Ben wundert sich.

Schon, aber inzwischen war er auf Reisen gewesen und hatte die Niederlande, England und das Königreich Frankreich besucht. Dort sah er das prachtvolle Schloss und den Park von Versailles, „Wer-sei" gesprochen.

„Ach so, ich verstehe", nickt Ben, „im Vergleich zu Versailles kam ihm sein eigenes Schloss dann viel zu klein und popelig vor?"

So ungefähr! Er ließ es also noch weiter ausbauen und gab ihm 1705 seinen eigenen Namen: Ludwigsburg.

„Ganz schön eingebildet, der Kerl, oder?"

So waren halt die Spielregeln damals: Ein Herrscher hatte die Aufgabe, Ruhm und Ehre seines Hofes im Wettbewerb mit den anderen Herrschaftshäusern zu vermehren. Mit seinen 15.000 Soldaten konnte er jedenfalls nicht punkten – die Armeen anderer Großmächte hatten mehr als zehnmal so viele Soldaten. Also baute er.

„... besser gesagt, er ließ bauen!"

Ja. Die Hofhaltung und der Schlossbau unter Eberhard Ludwig verschlangen ein Viertel des württembergischen Staatshaushaltes! Dafür galt Ludwigsburg aber als einer der prächtigsten europäischen Höfe: 452 Räume, zwei Kirchen, ein Theater und ein großer Innenhof. Dazu ausgedehnte Schlossgärten mit künstlichen Wasserfällen und Felsengrotten.

„Klingt gut. Aber woher nahm er so viel Geld?"

Der Herzog hat auch ein bisschen getrickst: Teilweise war das Schloss auf Kirchengrund gebaut. So konnte er Mittel aus der Kirche abzweigen. Oder die Sache mit der Spatzensteuer –

„Wie bitte?"

Jeder Untertan war verpflichtet, der Obrigkeit jährlich 24 tote Spatzen abzuliefern. Wer das nicht tat, musste sechs Kreuzer Strafe zahlen.

„Warum das denn? Haben die im Schloss die Spatzen etwa gegessen?" Ben verzieht angewidert das Gesicht.

Das war eher eine Maßnahme, um die Ausbreitung der Spatzen einzudämmen. Sie sollten nicht das ganze Saatgut von den Feldern fressen. Andererseits war es aber einfach auch eine verdeckte Steuer, die nicht viel eingebracht hat.

„Und wie ging es weiter? Hat Eberhard Ludwig die Fertigstellung seines Schlosses überhaupt erlebt?"

Als der Herzog 1733 starb, war das „Neue Corps de Logis" im Äußeren fertig, während die Innenausstattung noch unvollständig war.

„Sieht es hier noch genauso aus wie zu damaliger Zeit?"

Es wurden je nach der vorherrschenden Mode natürlich auch Änderungen vorgenommen. Aber der Jagdpavillion ist ein Beispiel für das Barock – ein Inbegriff für Luxus und Repräsentation.

Ben: „Ba-rock? Ich kenne nur Unter-rock oder Hard-rock-musik!“

Das Wort „Barock“ bedeutet eigentlich „unregelmäßig und schief“. Barocke Kunst ist meistens üppig bewegt und lebendig. Das Auge hat viel zu sehen. Gemälde sind meist sehr bunt, Gebäude haben oft viele Schnörkel. Die Menschen schätzten den Glanz und die Pracht. Im Barock liebte man alles, was voller Verzierungen war. Vielen Leuten war das zu kitschig und albern, eben schief. Darum hat man diese Kunstform als barock bezeichnet.

„Schau mal hier, diese Intarsien –“ Ronja zeigt auf eine wunderschöne Blume.

Ben schaut verständnislos, bis Ronja ihm erklärt, dass es sich um Einlegearbeiten handelt. „Du meinst, die sind nicht gemalt, sondern aus verschiedenen Hölzern zusammengesetzt?“ Ben ist beeindruckt. „Wann war das noch mal?“

Zwischen 1600 und 1750 – ungefähr 150 Jahre lang – lebte Mitteleuropa nach nahezu einer gemeinsamen Mode in Architektur, Musik und Kunst, die sich ganz auf den König oder Fürst und seinen Hofstaat konzentrierte. Rauschende Feste, Feuerwerke und neue Musik – vor der Kulisse imposanter Schlösser und

symmetrisch angelegter Gärten.
„Da wäre ich gern dabei gewesen! Die haben bestimmt fürstlich getafelt und sich die Bäuche vollgeschlagen, bis sich die Tische bogen: Was für eine tolle Zeit!“ Ben klopft sich auf den Bauch.
Kommt drauf an, zu welcher Schicht man gehörte. Vom Glanz des Barock bekamen über 90 Prozent der Bevölkerung nichts mit, außer harter Arbeit, erdrückender Steuern und Elend. Dem Volk ging es richtig schlecht. Die Menschen lebten in einfachsten Häusern und Hütten, konnten kaum lesen oder schreiben und hatten eine niedrige Lebenserwartung.
„Aber hier am Hof hat man es sich gut gehen lassen, oder?“
Sicher! Mehr als hundert Jahre nach Herzog Eberhard Ludwig regierte hier Friedrich I., auch „der dicke Friedrich“ genannt. Eine Rechnung der Königlichen Konditorei beweist, dass Friedrich Süßes in rauen Mengen verspeiste: Allein im August 1814 waren es 13,5 Pfund.
Ben rechnet: „Ein Pfund ist ein halbes Kilo. Also fast sieben Kilo Süßigkeiten in einem Monat? Das wären ja 70 Tafeln Schokolade zu 100 Gramm. Der Monat August hat 31 Tage, dann sind das pro Tag etwas mehr als 2 Tafeln. Hat er das alleine gegessen?“

Vielleicht haben die anderen auch was bekommen von den Süßigkeiten. Am Hofe wurden schließlich täglich über hundert Personen verköstigt.

Ben staunt: „Da hatten die Köche aber alle Hände voll zu tun!“

Und die Serviermädchen auch. Weil die Wege von der Küche bis in die Speisesäle so lang waren, kam das Essen manchmal halb kalt an. Unterwegs gab es mehrere Aufwärmöfen. Vieles war extra weichgekocht, damit man es auch ohne Zähne essen konnte. Mangels Zahnpflege hatten die meisten Menschen damals schon in jungen Jahren ihre Zähne verloren.

„Igitt!“ Ronja hält die Hand vor den Mund.

Das ist vielleicht auch ein Grund dafür, dass auf den Gemälden der damaligen Zeit die Menschen mit geschlossenem Mund dargestellt sind. Man aß bei Hofe übrigens auch lange mit den Fingern. Was meint ihr, wofür es Tischtücher gab?

„Na, damit die Tafel vornehm und edel aussah!“

Das Tischtuch war dafür da, dass man sich daran die Finger abwischen konnte! Deshalb wurde nach jedem Gang das oberste Tischtuch abgezogen und eine darunterliegende frische Tischdecke benutzt. Der letzte Gang konnte auch direkt auf dem Holz des Tisches serviert werden, dann stand jede Speise auf einem Spitzendeckchen.

„Kein Wunder, dass der Friedrich so dick geworden ist. Bei diesen Fressgelagen jeden Tag.“

Napoleon, der Kaiser der Franzosen, war mal hier, in Ludwigsburg. Und er hat Friedrich I. zum König gekrönt! Bei einem dieser Treffen soll es zu folgender Situation gekommen sein: Napoleon, eher klein von Wuchs, blickte zum 2,11 Meter großen und etwa 200 Kilo schweren Friedrich auf und sagte: „Ich wusste gar nicht, dass sich die Haut überhaupt so weit ausdehnen kann!“ Darauf soll Friedrich geantwortet haben: „Und ich bin erstaunt, dass in einem so kleinen Kopf so viel Gift stecken kann.“

„Zweihundert Kilo? Das arme Pferd, das den tragen musste!“ Ben runzelt die Stirn.

Dazu gibt es auch eine schöne Anekdote: Das Pferd von König Friedrich I. war ein Schimmel namens Helene. Er liebte es sehr, denn es konnte ihm beim Aufsteigen helfen.

„Wie das denn?“

Ganz einfach: Indem es in die Knie ging wie ein Kamel! Einmal soll der König sogar gesagt haben: „Wer mir eines Tages die Nachricht vom Tod meines Pferdes überbringt, der wird selbst den Tod finden!“

„Au Backe! Als das Pferd starb, wollte bestimmt keiner der Diener dem König Bescheid geben.“

Richtig. Aber einer traute sich. Er ging zu König

Friedrich und sagte: „Mein König, die Helene frisst nicht mehr. Die Helene säuft nicht mehr. Und die Helene steht auch gar nicht mehr auf." Friedrich antwortete darauf entsetzt: „Dann ist die Helene wohl gestorben!" Worauf sein Untergebener meinte: „Das, mein König, habt aber jetzt Ihr gesagt!"

„Wo haben diese Diener denn hier gewohnt? Doch sicher nicht in so schicken Räumen wie König und Königin!"

Die Wohn- und Arbeitsräume des Personals liegen versteckt in Zwischengeschossen, Hinterhöfen und im Dachboden. Sie waren oft klein, dunkel und schlecht belüftet. Diener und Mägde sollten ihre Arbeit möglichst unsichtbar verrichten. Es war ihnen nicht gestattet, die offiziellen Gänge und Treppenhäuser zu benutzen. Daher führen abseits der prunkvollen Treppenhäuser verborgene Stiegen vom Untergeschoss bis ins Dach.

„Im Ernst? Es gibt hier eigene Treppenhäuser nur für das Personal?"

Ja, und die Dienerschaft musste rund um die Uhr erreichbar sein. Nachts waren immer etwa zehn Diener wach. Es gab im Schloss 16 verschiedenen Rangstufen. Auf der obersten Stufe, der Nummer 1, stand natürlich der König, auf der Stufe 14 die Diener, auf Stufe 15 die Heizer und auf der untersten Stufe?

Ratet mal!
„Die Tellerwäscher?“, rät Ronja.
„Die Nachttopfreiniger?“, schlägt Ben vor.
Nein, die Fliegenfänger!
„Ich glaub, wir müssen hier noch mal herkommen. Es gibt ja so viel zu sehen. Schon allein die vier Museen: Barock-Galerie, Keramikmuseum, Modemuseum, Theatermuseum ...“
„Au ja, aber jetzt gehen wir noch ins Kinderreich! Und danach in den Märchengarten!“ Ronja hüpft wie ein Flummi auf und ab. Dann springt sie voraus und summt: „Hänsel und Gretel ...“

◆

Spionen auf der Spur

Kloster Schöntal

„Schau mal, wer da am Brunnenrand sitzt – der Froschkönig!"

„Träumst du noch vom Märchengarten am Schloss Ludwigsburg?" Ben stupst seine Schwester von der Seite an. „Sag mal, du magst doch so gern Reime, oder?"

„Wieso stellst du mir diese Frage?
Was denkst du, was ich darauf sage?",

antwortet Ronja lachend und stupst zurück.

„Kloster Schöntal ist voll davon!"

Ronjas Neugier ist geweckt. Sie stiefelt ihrem Bruder hinterher und reimt:

„Ich mag so gern Besuch von Klöstern –
nicht nur an Weihnachten und Östern!“

Gegründet wurde die Klosteranlage im malerischen Jagsttal 1157 von Zisterziensermönchen des Mutterklosters Maulbronn.

„Maulbronn? Da waren wir doch schon! Aber hier sieht es weniger bescheiden und klösterlich aus!“

Das barocke Aussehen verdankt die Klosteranlage vor allem Abt Benedikt Knittel. Er war ab 1683 fast 50 Jahre Abt im Kloster Schöntal und trat nicht nur durch eine rege Bautätigkeit in Erscheinung. Er war auch der Schöpfer zahlreicher sogenannter „Knittelverse“ – ein Meister des Sprachspiels und des Witzes.

„Waren seine Verse so berühmt, dass sie nach ihm benannt wurden?“

Nein, das ist Zufall. Knittel ist ein altes Wort für Reim. Manchmal wurden die Reime auch abschätzig Knüttelverse genannt – weil sie so holprig klangen wie herabsausende Knüppel.

„Ich glaub, ich habe hier irgendwo ein Wappen gesehen, mit einem Arm, der eine goldene Keule hält – ist das dann das Wappen des Abtes Benedikt Knittel?“

Genau! Es gibt von Abt Benedikt Knittel auch überlieferte Geschichten, zum Beispiel diese hier: Als er einst die Bauarbeiten an der Klosterkirche überprüfte, hörte er hinter sich ein Poltern. Er drehte sich um und war ganz erstaunt – ein Hund, ein Hirsch und eine Hirschkuh waren ihm bis auf das Baugerüst gefolgt. Für Abt Knittel war dies ein gutes Zeichen für den erfolgreichen Fortgang der Bauarbeiten. Außerdem ließ er sein Erlebnis am oberen Gesims der Nordturmfassade für die Nachwelt plastisch gestalten.

„Ja! Da oben – der Hund! Und die Hirsche!"

Bei den Tierfiguren steht der Spruch in Latein und Deutsch:

Ein gros paar Hirsch sambt einem Hundt
Nebst ihrem Herrn frisch und gesundt
Auf disem Platz vor Zeiten stundt
Mit Warheits Grund sey dieses kundt.

„Komisch – bei dem lateinischen Text sind ein paar Buchstaben größer als die anderen. War das ein Versehen?"

Nein, das war Absicht. Das sind alles römische Zahlen! M=1000, D=500, C=100, L=50, X=10, V=5 und I=1!

„Aber was hat das zu bedeuten? Vielleicht eine geheime Botschaft? Wenn wir sie zusammenrechnen ...", grübelt Ben.

„Dann ergibt sich eine Jahreszahl! Rätsel gelöst!" Ronja strahlt und dichtet sofort los:

Benedikt Knittel war ein Abt –
hat oft gute Ideen gehabt.
Er dachte sich lustige Sprüche aus
und schrieb sie an das Kirchenhaus.
Er dichtete auch in Latein
und baute Jahreszahlen ein!

Berühmt ist in Schöntal auch das Grabmal des 1562 verstorbenen Ritters Götz von Berlichingen, der im Kreuzgang der Neuen Abtei neben Mitgliedern seiner Familie ruht.

„Schau mal, Ben, das müsste dir gefallen! Ein Ritter!
Hier gibt es alles, was du magst –
Mönche und Ritter an der Jagst!"

Götz von Berlichingen war ein fränkischer Reichsritter aus Hohenlohe. Er verlor 1504 bei der Belagerung von Landshut durch eine Kanonenkugel seine rechte Hand. Sie wurde durch eine kunstvolle Prothese ersetzt. Die einzelnen Finger waren sogar beweglich. Seitdem ist er als „Ritter mit der eisernen Hand" bekannt. Aber noch berühmter ist er durch ein Zitat geworden: den sogenannten Schwäbischen Gruß!

„Etwa Grüß Gottle?"

Nein, sondern L–m–a–A! In seiner Fehde, das ist ein Streit oder Kampf, gegen Kurmainz brannte Götz die Orte Ballenberg und Oberndorf nieder. In die Stadt Krautheim konnte er der Mauern wegen nicht vordringen. Um den Amtmann Marx Stumpf aus den Mauern herauszulocken, zündete Götz einen Schafstall an. Die Flammen loderten bis in den Himmel und Stumpf erschien im Krautheimer Burgturm. Götz rief: „Komm' er doch herunter!“ Was Marx nicht im Schlaf einfiel – stattdessen rief er Götz zu: „Komm' er doch herauf!“ Aber das schaffte der Draufgänger Götz beim besten Willen nicht. In dieser Situation entlud sich Götzens Wut im Kraftausdruck: „Er kann mich hinten lecken!“

„Und was heißt nun L–m–a–A?“

Das ist die Abkürzung für: Leck mich am A ...! Der Gruß stammt wohl von einem alten Entblößungs- und Abwehrzauber: Zeigt man Dämonen, Hexen oder persönlichen Feinden sein bloßes Gesäß, so können sie einem nichts anhaben.

„Das ist ja genau wie beim Lecks Fiedle – am Eingang der Comburg!“

Stimmt! Der berühmte Schriftsteller Johann Wolfgang von Goethe hat über Götz von Berlichingen sogar ein Theaterstück gemacht.

Ronja fällt auch zum Ritter ein Reim ein:

Der Ritter mit der eisernen Hand
hier seine letzte Ruhe fand.
Manchmal fluchte er sehr barsch
und rief: „Ja, leck mi doch am A ...“

Auf geht's in die Neue Abtei! Das prächtige Treppenhaus mit seinen schwungvollen Treppenläufen, zahlreichen Vergoldungen und dem Deckengemälde stammt aus der Zeit des Rokoko.

„Schon wieder was mit Rock! Klingt wie eine Fortführung von Barock ... BaRock ... Rokoko!", überlegt Ben.

Sehr gut! Rokoko ist einfach die Spätform des Barock. Da war alles sehr verspielt.

Spontan sprudelt Ronja heraus:

Schaut her, dies schöne Treppenhaus,
das sieht schon sehr besonders aus!
Es ist so wunderbar geschwungen,
verspielt und richtig gut gelungen!"

„Mir gefällt am besten der Elefant auf dem Deckengemälde!", sagt Ben und zeigt nach oben.

Auch im Ordenssaal der Neuen Abtei gibt es viel anzuschauen. Die zahlreichen Gemälde ließen keine Langeweile beim Warten auf den Einlass ins Abtszimmer aufkommen: Der vertäfelte Saal enthält 302 Bilder der Trachten aller männlichen und weiblichen Orden sowie der Ritterorden. Auch die drei Ordensgelübde Armut, Gehorsam und Ehelosigkeit sind im Ordenssaal dargestellt. Danach kommt man ins Abtszimmer. Wenn die Gäste hier gewartet und sich unterhalten haben, dann war das vielleicht sogar gefährlich ...

„Gefährlich? Wieso denn das?“, fragt Ben neugierig.
Seht ihr den weiß-goldenen Schrank? Der lässt sich in der Mitte zu einem kleinen geheimen Raum hin öffnen. Wer sich in diesem Raum befand, konnte die wartenden Gäste im Ordenssaal unbemerkt belauschen.
Diesmal ist es Ben, der einen Spruch erfindet:

Wenn hier im Raum die Gäste plauschen –
dort im Schrank Spione lauschen!
Drum, lieber Gast, nimm dich in Acht –
du wirst womöglich überwacht!

Überhaupt ist hier einiges nicht so, wie es scheint! Schaut nur mal die Wände an! Fällt euch was auf?
Ben zuckt die Achseln. „Grüner Stoff und viele Bilder!“
Die Bilder sind nur aufgemalt! Es sind sozusagen optische Täuschungen.
„Stimmt – genau wie der Fußboden! Woran erinnert dich das Parkett?“ Ronja zieht Ben aufgeregt am Ärmel.
„An die optische Täuschung im Kloster Comburg unter der Sechseckkapelle!“
Mancher wundert sich, warum hier draußen, auf dem Brunnen, ausgerechnet ein Mohr sitzt. Dies ist auf den letzten Abt Schöntals zurückzuführen.
„Wieso? Hatte der denn eine dunkle Hautfarbe?“

Das nicht, aber er hieß mit Vornamen Maurus, das bedeutet so viel wie „dunkelhäutig“. Denkt mal an das Wort „Mohr“. Das ist allerdings eine veraltete Bezeichnung, die heutzutage auch als Beleidigung verstanden werden kann. An der Seite des Brunnens findet man das Wappen des letzten Schöntaler Abtes mit den Initialen MAS für Maurus Abbas Schöntalensis.

„Was strahlt denn da auf dem Kirchendach?“

Das ist die Strahlenkranzmadonna.

„Wie in Bad Mergentheim, im Deutschordensmuseum. Da gibt es auch eine“, bemerkt Ben.

Ja, nur dass diese hier 80 Kilo wiegt und sich wie eine Wetterfahne drehen kann. Abt Benedikt Knittel ließ sie 1726 anfertigen, damit sie über dieses speziosa vallis – das schöne Tal – ihre segnende Hand hält. Vor Kurzem wurde sie restauriert. Bewohner aus dem Ort Jagsthausen haben dafür Geld gesammelt.

Zum Abschied reimt Ronja vergnügt:

> *„Liebe Madonna im Strahlenkranz,*
> *hin und her im Winde tanz’!*
> *Schütze dies ‚speziosa vallis‘ –*
> *weil es solch ein schönes Tal is’!“*

◆

Chirurgen aus der Jungsteinzeit

Residenzschloss Mergentheim

„Komm, wir spielen: Wer das längste Wort findet!", schlägt Ronja vor.
„Deutschorden!", beginnt Ben.
„Deutschordensschloss!"
„Deutschordensschlossmuseum!"
„Deutschordensschlossmuseumsführerin!"
„Deutschordensschlossmuseumsführerinnenstimme!"
„Okay, du hast gewonnen!" Ronja gibt sich geschlagen. „Aber was für ein Deutschorden eigentlich? Wer hat denn den Orden verliehen bekommen? Und wofür?"
Ihr meint, ein Orden sei so etwas wie eine Tapferkeitsmedaille oder eine Auszeichnung? Ein Orden ist auch eine klösterliche Gemeinschaft von Männern oder Frauen, die nach bestimmten Regeln leben. Denkt mal an den Benediktinerorden im Kloster Comburg ...
„... oder den Zisterzienserorden im Kloster Maulbronn!", ergänzt Ronja.
Richtig. Im Heiligen Land entstanden zur Wende vom 11. zum 12. Jahrhundert drei geistliche Orden: die Templer, die Johanniter und der Deutsche Orden.
„Heiliges Land? Ist das ungefähr da, wo Jesus geboren wurde und gelebt hat? Manche sagen ja auch ‚Heiland' zu ihm." Ben freut sich über seinen Einfall.

Ja, das Land um Jerusalem, wo heute Israel liegt, nennen die Christen das „Heilige Land“. Das Wort Heiland kommt aber von Erlöser, Retter und Helfer. Da sind wir beim Thema: Die Aufgabe der Orden bestand ursprünglich darin, Armen, Kranken und Pilgern zu helfen, sie zu versorgen. Erst später wandelten sie sich zu militärischen Ritterorden.

„Ritterorden? Waren die Ritter dann Mönche? Also Ritter-Mönche oder Mönchs-Ritter?“ Bens Augen leuchten.

Sozusagen. Und das kam so: Seit dem Jahr 622 hatten Muslime große Gebiete um das Mittelmeer erobert: das Land um Jerusalem, wo heute Israel liegt. Auch für Muslime ist Jerusalem eine heilige Stadt – genau wie für die Christen. In Europa erzählte man nun, dass die Christen in Jerusalem unter den Muslimen zu leiden hätten. Der Papst – das Oberhaupt der Kirche – rief dazu auf, die Muslime aus dem Heiligen Land zu vertreiben. Tatsächlich zogen viele christliche Kämpfer aus Europa dorthin. Sie malten große Kreuze auf ihre Schiffe und Rüstungen.

„Also darum nennt man die Kriege zwischen Christen und Muslimen auch Kreuzzüge!“ Ronja nickt.

Genau. Manche der Kreuzritter glaubten wirklich, dass Gott den Kreuzzug gut fand, weil man damit anderen Christen half. Viele Kreuzritter aber waren

einfach arm und wollten gern reich werden. Zudem glaubten sie daran, direkt in den Himmel zu kommen, wenn sie auf einem Kreuzzug sterben würden.
„Und warum mussten die Ritter dann Mönche werden oder umgekehrt?“, hakt Ben nach.
Normalerweise wollte ein Ritter nach einer gewonnenen Schlacht so schnell wie möglich wieder nach Hause: seine Beute heimbringen, seine Familie wiedersehen und bei den Bauern die Abgaben eintreiben. Aber was ist, wenn man ein fremdes Land erobert hat und dann gleich wieder nach Hause geht?
„Ach so, darum wollte man dort eine Berufsarmee aus Mönchen stationieren. Aber wer verzichtet denn freiwillig auf Familie und persönliches Eigentum – und riskiert noch dazu im Kampf sein Leben?“, wundert sich Ben.
Gute Frage. In den Orden traten solche Adlige ein, die kein eigenes Land besaßen – denn erben konnte immer nur der älteste Sohn. Auch reiche Adelige, die durch eine Straftat Schuld auf sich geladen hatten, traten ein. Die bewaffneten Mönche gründeten sogar einen Staat: das Königreich Jerusalem.
„Aber wieso steht dann hier – in Bad Mergentheim – ein Deutschordensschloss?“
Im Jahr 1219 schenkten die drei Brüder Heinrich, Andreas und Friedrich von Hohenlohe ihre Wasser-

burg dem Deutschen Orden. Sie selbst waren nämlich nach der Teilnahme an einem Kreuzzug der Ordensgemeinschaft beigetreten. Der Hauptstützpunkt des Deutschen Ordens blieb hier von 1527 bis 1809 erhalten und es wurden bedeutende Gäste wie der Kaiser und einflussreiche Fürsten empfangen. In dieser Zeit wurde die mittelalterliche Wasserburg zum Schloss umgebaut. So entstand beispielsweise 1574 die berühmte Wendeltreppe von Blasius Berwart.

„Die sieht ja aus wie eine Schnecke! Und die tollen Bilder an der Unterseite ..."

Zwischen 1730 und 1799 wurde die Anlage zu einem Barockschloss erweitert. Aus dieser Zeit stammt auch die Strahlenkranzmadonna: 1798 stiftete Hochmeister Maximilian Franz von Österreich, der Chef des Deutschen Ordens, die Madonna der Mergentheimer Kirchengemeinde als Prozessionsfigur. Das bedeutet, sie wurde an kirchlichen Feiertagen bei Prozessionen herumgetragen.

„Warum hat das Jesuskind eigentlich einen Apfel in der Hand?", will Ronja wissen.

„Weil Äpfel gesund sind, oder?", ärgert Ben seine Schwester.

Der Apfel, den das Jesuskind hält, ist ein Reichsapfel: eine Weltkugel mit aufgesetztem Kreuz. Er symbolisiert die Herrschaft Christi über die Welt.

„Und was kann man hier noch alles angucken?“ Ronja schaut sich um.

Natürlich zum einen die Geschichte des Deutschen Ordens. In dieser Abteilung sieht man auch einen Deutschordensritter auf seinem Pferd. Dann gibt es eine Abteilung zur Stadtgeschichte von Bad Mergentheim. Ebenso interessant ist das Mörike Kabinett.

„Mörike? Der berühmte Dichter Eduard Mörike? Der hat doch mal in Schwäbisch Hall gewohnt, mit seiner Schwester Klara!“

Bevor beide nach Mergentheim umzogen, stimmt. Im Museum ist sogar das Haushaltungsbuch von 1846/47 zu sehen: mit allen Einnahmen und Ausgaben.

„Wie langweilig!“ Ben verdreht die Augen.

Keineswegs: Mörike hat oft hineingemalt. Seine kleinen Zeichnungen und Bilderrätsel erzählen uns Geschichten aus seinem Alltag.

„Bilderrätsel?“ Jetzt ist Bens Neugier geweckt.

Was bedeutet wohl die Zeichnung eines Kopfes mit einem „W“ drin?

„Er hatte Kopfweh!“, platzt Ronja heraus.

Genau. Hier in Mergentheim lernte Eduard Mörike übrigens auch seine spätere Frau kennen, die er in der Schlosskirche heiratete. Es gibt aber noch mehr im Museum zu entdecken, denn 1864 stiftete Freiherr Carl Joseph von Adelsheim der Stadt Mergentheim seine Sammlung von „Altertümern". Für seine Sammlung trug er Trinkgläser, Tür- und Truhenschlösser, Holzskulpturen, Münzen und Exotisches wie altägyptische Grabbeigaben und ostasiatisches Porzellan zusammen. Nach seinem Tod vermachte der Freiherr die Sammlung der Stadt Mergentheim. Das war der Anfang des Deutschordensmuseums. Freiherr von Adelsheim malte und zeichnete auch gern. Außerdem veröffentlichte er im lokalen Wochenblatt Wort- und Buchstabenrätsel. Weil diese bei den Lesern so beliebt waren, brachte er seine Rätsel sogar in zwei kleinen Büchern heraus. Mörike unterstützte von Adelsheim bei den Korrekturen seiner Rätselbände.

„Lauter Rätselfreunde hier", stellt Ronja zufrieden fest.

Und lauter Sammler: Denn bevor der Freiherr von Adelsheim selbst zum Sammler wurde, verwaltete er die Sammlungen des Herzogs Paul Wilhelm von Württemberg.

„Und was hat der Herzog gesammelt? Briefmarken aus aller Welt?", kommentiert Ben etwas spöttisch.

Viel besser: Er sammelte Souvenirs – Erinnerungsstücke – Reiseandenken! Der Herzog interessierte sich nicht für Politik. Stattdessen begeisterte er sich für Naturwissenschaften und ferne Länder: Er reiste oft nach Nord- und Südamerika. Er besuchte unter anderem Kuba, Brasilien, Chile, aber auch den Mississippi, Nebraska, New Orleans und New York.

„Und das alles ohne Flugzeug oder Auto? Respekt!“, murmelt Ben.

Er spielte öfter mit dem Gedanken, für immer aus Europa auszuwandern. Außerdem stand er mehrmals kurz vor der Pleite. Auf seinen Reisen sammelte er seltene Objekte: Das Raritätenkabinett mit Kuriositäten wie Bärenpfoten und präparierten Tierkörpern umfasste zwanzig Räume. Große Teile seiner Sammlung sind verloren gegangen, andere befinden sich beispielsweise in Stuttgart: im Naturkundemuseum Schloss Rosenstein und im Lindenmuseum.

„Ich liebe Museen!“, stellt Ronja begeistert fest. „Da kann man nicht nur in ferne Länder reisen, sondern auch in längst vergangene Zeiten!“

Das könnt ihr hier auch: sogar bis in die Jungsteinzeit! Hier in der Gegend, im Taubertal, wurden insgesamt Skelettreste von 260 Personen aus der Zeit der Schnurkeramik gefunden.

„Schnur-Keramik?“

Schnur-Keramiker waren eine Kulturgruppe aus der Jungsteinzeit, die von der Schweiz über Mitteleuropa bis in den Süden Russlands verbreitet war. Sie erhielten ihren Namen, weil sie ihre Tongefäße mit

Mustern verzierten, indem sie Schnüre in den noch feuchten Ton pressten. Diese Tongefäße und weitere Funde sind in den Gewölbekellern des Schlosses zu sehen. Die späte Jungsteinzeit war etwa um 2500 vor Christus.

„Also vor mehr als 4500 Jahren!", rechnet Ben blitzschnell aus.

Das interessanteste Objekt der Ausstellung ist die Rekonstruktion des im Jahr 1939 in Althausen bei Bad Mergentheim entdeckten Hockergrabes mit vier menschlichen Skeletten. Die zwei Erwachsenen und die zwei Kinder wurden in hockender Körperhaltung bestattet.

„Bestimmt eine Familie, oder?"

Mit den heutigen Forschungsmethoden konnte man feststellen, dass es sich um eine Art Patchworkfamilie handelte: Ein Kind gehörte zu der Frau, ein Kind stammte von dem Mann ab. Eine weitere Besonderheit der Schnurkeramiker war die Durchführung spezieller Operationen am Schädel.

„Im Ernst?" Ben reißt die Augen auf und fasst sich erschrocken an den Kopf.

Im Taubertal wurden bisher acht Schädel mit Öffnungen des Kopfes entdeckt, die verheilt und wieder zugewachsen waren. Das bedeutet, diese Behandelten hatten ihre Operation überlebt. Das spricht für die große Kunstfertigkeit der Steinzeitchirurgen. Weil es ungewöhnlich ist, so viele solcher Jungsteinzeitpatienten an einer Stelle zu finden, fragen sich die Wissenschaftler, ob es hier so was wie eine Chirurgenschule im Taubertal gab. In der Ausstellung kann man die Operationstechnik mithilfe eines nachgebildeten, aufgebohrten Schädels nachvollziehen.

„Das will ich sehen!", ruft Ronja.

„Und was ist mit den Puppenstuben und dem Papiertheater?", zieht Ben seine Schwester auf.

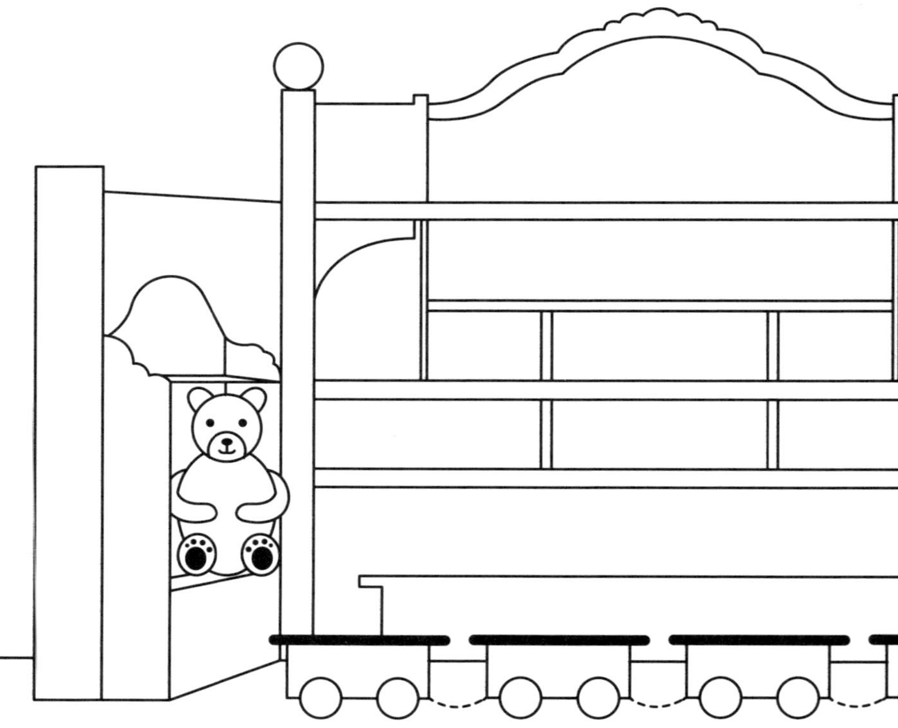

„Kein Problem, das schaffen wir – und die Kaufladenapotheke auch noch!“, lacht Ronja.
„Wusstest du, dass es im Heidelberger Schloss ein Apothekenmuseum gibt? Dort können Kinder sogar Harry-Potter-Führungen mitmachen!“
Ronja ist nicht mehr zu bremsen: „Dann geht es als Nächstes nach Heidelberg!“

◆

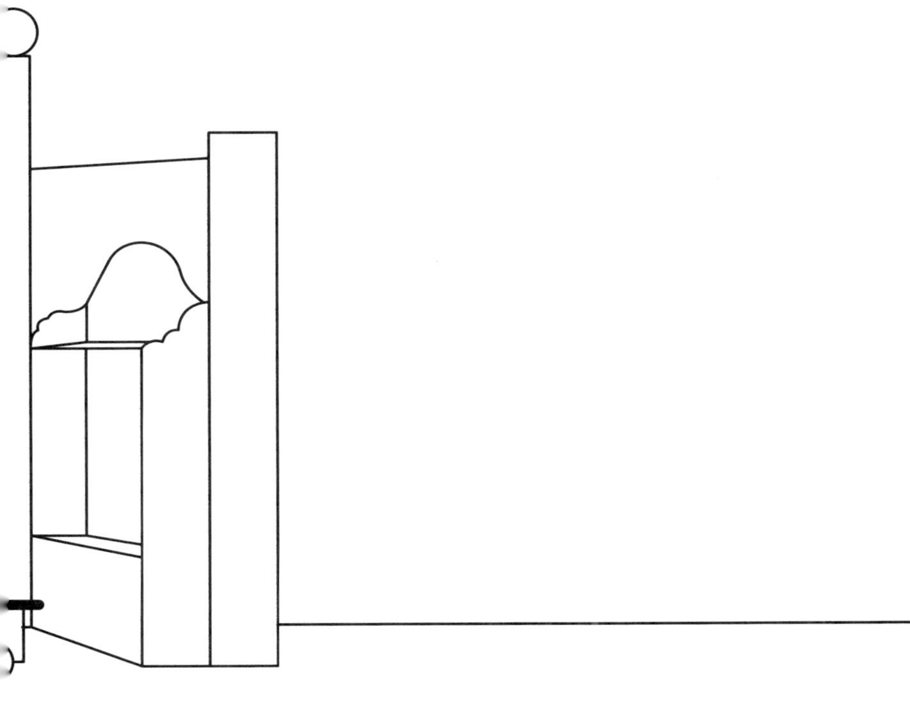

Der Eisenring mit Hexenbiss

Schloss Heidelberg

„Das war cool!“ Ben und Ronja steigen aus der Bergbahn – nach einer steilen Fahrt bergauf. Jetzt stehen die beiden direkt vor dem Heidelberger Schloss, besser gesagt: vor dem, was davon übrig ist. „Willkommen in der wohl berühmtesten Ruine der Welt“, sagt Ben mit großer Geste und zeigt auf die imposanten Bauten aus rotem Sandstein.

„Aber warum ist das Schloss überhaupt eine Ruine?“, will Ronja wissen.

Während des Dreißigjährigen Krieges wurde das Schloss zum ersten Mal von Kugeln getroffen. Im Pfälzischen Erbfolgekrieg sprengten französische Truppen die mächtige Anlage. Sie brauchten dafür mehrere Anläufe – der dicke Turm zum Beispiel hat sieben Meter dicke Mauern!

„Echt? Sieben Meter?“ Ben macht sieben riesengroße Schritte, um sich besser vorstellen zu können, wie dick die Mauern des Turmes waren.

Danach wollte man das alte Schloss eigentlich abreißen und ein neues Schloss weiter unten im Tal bauen. Das stellte sich aber als schwierig heraus. Für einen vollständigen Umbau des Schlosses war kein Geld da. Also wurde das alte Schloss notdürftig repariert. Im Jahr 1720 reichte es Kurfürst Carl Philipp: Er verlegte seine Residenz nach Mannheim. Dort entstand ein riesiges, zeitgemäßes Schloss im

Barockstil. Damit konnte er die anderen europäischen Herrscher beeindrucken.

„Da wollen wir doch auch noch hin!“, flüstert Ronja ihrem Bruder ins Ohr.

Sein Nachfolger, Kurfürst Carl Theodor, plante vorübergehend, seinen Wohnsitz wieder ins Heidelberger Schloss zu verlegen: Die Möbel standen schon in der Heiliggeistkirche bereit. Aber am 23. Juni 1764, einen Tag, bevor Carl Theodor in das Schloss einziehen wollte – traf ein Blitz den achteckigen Turm! Das Dach brannte und in wenigen Stunden war dieses fünfhundert Jahre alte Schloss zerstört.

„Und die Feuerwehr? Konnte die denn gar nichts machen?“

Nein, konnte sie nicht: Es gab nämlich noch gar keine! Weder gab es damals Telefone, um Hilfe zu rufen, noch gab es eine Feuerwehr. Der Kurfürst konnte überhaupt nichts gegen die Flammen tun.

„Der Kurfürst ...? Ich war zwar schon mal auf einer Erholungskur“, überlegt Ronja, „aber was ist eigentlich ein Kurfürst?“

Kurfürsten waren die ranghöchsten Fürsten des Heiligen Römischen Reiches, die seit dem 13. Jahrhundert das Recht hatten, den römisch-deutschen Kaiser zu wählen. Das alte Wort „kur“ bedeutet „Wahl“. Man denke an irgendwelche Schönheitsköniginnen oder Dschungelkönige, die „gekürt", also gewählt werden.

„Armes Schloss! Beschossen, gesprengt und abgebrannt", sagt Ronja traurig.

Einige Zeit später wurde das alte Schloss aber plötzlich sehr modern: In der Romantik entdeckten Künstler die von Pflanzen überwucherte Ruine ...

„Romantik? Mit Kerzenschein und Musik und so?" Ben runzelt die Stirn.

Die Romantiker stellten ihre Gefühle in den Mittelpunkt. Sie begeisterten sich für alles Magische, Übernatürliche und Unheimliche. Bilder aus der Romantik sind oft dunkel, verträumt oder rätselhaft. „Romantisch" bedeutet so viel wie „in der Art eines Romans". Die Künstler damals erlebten, wie schnell sich die Welt und das Leben veränderten – zum Beispiel durch neue Erfindungen. Aber sie schauten viel lieber in die Vergangenheit oder verbrachten Zeit in der Natur.

„In der Natur? Dann bin ich auch ein Romantiker!", grinst Ben von einem Ohr zum anderen.

Um 1800 besuchten viele Reisende, Maler und Dichter die malerisch über dem Neckar gelegenen Überreste von Schloss Heidelberg. In Gedichten, Liedern und Bildern verewigten sie das märchenhafte Denkmal. Auch unser Johann Wolfgang von Goethe war hier und hat die Ruine gezeichnet.

„Und so wurde das Heidelberger Schloss berühmt?“
Das Schloss wurde durch französische Truppen zerstört, aber auch durch einen Franzosen gerettet: 1810 kam Charles de Graimberg erstmals nach Heidelberg, sah das Schloss und war fasziniert. Die Schlossruine war für jedermann frei zugänglich – aber die Bauten verfielen. Heidelberger Bürger holten sich Steine, Holz und Eisen, um damit an ihren eigenen Häuschen weiterzubauen.
„Die haben also das Schloss Stück für Stück weggeklaut?“
Graimberg erlebte mit, wie immer wieder Teile des noch erhaltenen Figurenschmucks zerstört wurden. Doch die Behörden weigerten sich, einen eigenen Schlosswächter anzustellen. Deshalb zog Graimberg selbst in sein Lieblingsschloss, in das Turmzimmer im Gläsernen Saalbau: Von dort konnte er den Schlosshof am besten überblicken. Er war also eine Art freiwilliger Schlosswächter und beschützte die Ruine. Außerdem war er auch künstlerisch begabt: Seine Kupferstiche vom Schloss machten es überall bekannt und als Ziel für Touristen attraktiv – bis heute.
Sie kommen durch ein großes Tor, das von zwei steinernen Rittern und aufrecht stehenden Löwen bewacht wird. „Guck mal da oben, das Loch in der Decke! Wofür das wohl war?“, fragt Ronja ihren Bruder.

„Ein Plumpsklo vielleicht?“, überlegt Ben.
„Doch nicht mitten über dem Eingang!“ Ronja rümpft die Nase.

In der mittleren Wölbung des Tordurchgangs befindet sich ein Aufzugsloch, das sich in den drei darüberliegenden Etagen wiederholt. Durch das Loch konnte man ein Seil hinunterlassen und einen Korb hinaufziehen. So wurde der Turmwächter, der im obersten Stockwerk wohnte, versorgt.

An der alten Holztüre nimmt Ronja einen schweren eisernen Ring in die Hand und macht Klopfzeichen – so wie früher die Besucher, wenn sie Einlass begehrten. Plötzlich stutzt sie: „Hier fehlt ja ein Stück! Sieht aus wie angeknabbert!“

In Heidelberg erzählte man sich damals folgende Geschichte: Wem es gelänge, den Eisenring mit seinen Zähnen durchzubeißen, der würde das Schloss und alles, was sich darin befände, als Geschenk erhalten. Auch eine Hexe hatte davon gehört. Zu gern wollte sie das Schloss besitzen. So probierte sie, den Eisenring zu durchbeißen. Doch ihre Zauberkräfte reichten nicht aus und ihre Zähne zerbrachen an dem harten Metall. Wütend verließ sie Schloss Heidelberg. Nur eine kleine Vertiefung blieb in dem Klopfring zurück – der sogenannte „Hexenbiss“.

„Schau mal, dieser Teil des Schlosses ist nicht

kaputt!“, ruft Ronja und zeigt auf ein Gebäude mit vielen Figuren an der Fassade.
Das ist der Friedrichsbau. Innen gibt es übrigens wunderschön eingerichtete Räume mit herrlichen Möbeln und prachtvollen Decken. Seht ihr die Figur in der unteren Reihe, ganz rechts? Da ließ sich der Bauherr Friedrich IV. darstellen. Er sah sich selbst in einer Linie mit den übrigen Herrschern der bedeutenden Dynastie der Wittelsbacher.
„Aber warum hat der denn so eine dunkle Nase?“
Böse Zungen behaupten, er hätte zu viel getrunken, darum hält er auch den Reichsapfel mit dem Kreuz drauf so schief.
„Und sind die nicht alle ein bisschen dick?“
Leibesfülle war früher ein Zeichen von Wohlstand und Reichtum. Man sagt, viele feine Herren stopften sich sogar Polster unter, um dicker, also mächtiger, zu erscheinen.
Ronja zeigt auf eine Mauer auf der rechten Seite: „Da sind auch so schöne Steinfiguren. Nur durch die Fenster, da sieht man den Himmel.“
Das ist der Ottheinrichbau. Er ist vier Stockwerke hoch und mit 16 Figuren verziert.
„Ottheinrich? Was für ein komischer Name!“, kichern die Kinder.
Eigentlich hieß er Otto Heinrich und war Kurfürst.

Er führte 1557 die Reformation ein: Unter ihm wurde die Kurpfalz protestantisch. Er förderte auch die Wissenschaft und verpflichtete angehende Mediziner zum Sezieren von Leichen.

Ronja bekommt eine Gänsehaut. Ben ist ganz fasziniert: „Ich weiß, dass die Ärzte früher nur aus Büchern lernen durften. Weil sie wenig praktische Erfahrungen hatten, waren sie mit ihrem Latein schnell am Ende.“

Ottheinrich sammelte Bücher: Seine Bibliothek, die Bibliotheca Palatina, galt als eine der bedeutendsten ihrer Zeit. Ottheinrich war übrigens so schwergewichtig, dass er sich kaum noch bewegen konnte. Er saß darum oft in einer Sänfte, die von zwei Pferden getragen wurde.

Ottheinrich sammelte aber nicht nur Bücher, sondern forschte auch in einem Labor nach dem Stein der Weisen.

„Der Stein der Weisen – wie bei Harry Potter?“ Ronja ist elektrisiert.

Es gab damals die Vorstellung von einem „Stein“, der unedle Metalle in edle Metalle verwandeln kann.

„Also in Gold und Silber! Das hat doch auch der Doktor Faust in Maulbronn versucht!“

Der Stein der Weisen stellte das Prinzip der Transmutation, also der Verwandlung dar. Er galt als Allheilmittel und sollte auch eine verjüngende Wirkung haben.

„Bei Harry Potter heißt es, mit dem Stein der Weisen kann man das lebensverlängernde Elixier des Lebens brauen!"

„Meinst du, er wurde schon gefunden?", fragt Ben spitzbübisch.

Seine Schwester schaut auf die Ruine des Ottheinrichbaues und schüttelt bedauernd den Kopf.

Der Ottheinrichbau war das erste Renaissance-Bauwerk, das jemals in Deutschland errichtet wurde.

„Rene- was?" Ben zieht die Augenbrauen nach oben.

Die Renaissance ist ein Abschnitt in der Geschichte, der Übergang vom Mittelalter zur Neuzeit. Damit meint man die Kultur vor allem im 15. und 16. Jahrhundert. Es ist die Zeit, als der Buchdruck erfunden wurde – die Zeit, als Kolumbus Amerika entdeckte und glaubte, er wäre in Indien gelandet. Der Name ist französisch, man spricht ihn so aus: „Rönnesangs". Renaissance bedeutet Wiedergeburt. Man meint damit, dass die Menschen in Europa in dieser Zeit das Altertum wiederentdeckten, und zwar vor allem die Antike, also die Zeit der alten Griechen und Römer. Auf der anderen Seite des Friedrichsbaus ist eine Art Terrasse, der Altan genannt. Von hier hat man eine wundervolle Aussicht über Heidelbergs Altstadt.

Aber Ben ist ganz abgelenkt von etwas anderem: „Komm mal her! Ein richtig tiefer Fußabdruck im Stein! Da passt mein Fuß genau rein! Wie passiert denn so was?"

Ein kühner Ritter soll einst diesen tiefen Abdruck im Sandstein hinterlassen haben, als er aus einem Fenster des Friedrichsbaus sprang, auf der Flucht vor einem Feuer.

Ben schaut kritisch an der Fassade des Friedrichsbaus hoch und hinunter. Denn zwischen dem Friedrichsbau und der Terrasse verläuft der Fußweg in die Altstadt. „Da hätte er aber echt weit springen müssen!"

Jetzt wollen die beiden das größte Fass der Welt sehen. Um vor ihm zu stehen, muss man erst einmal ein paar Stufen nach unten steigen. Viele Besucher machen ein Foto. „Das ist ja richtig riesig!", staunt Ronja.

„Wieso geht denn hier eine Treppe hinauf auf das Fass?"

Man vermutet, die kleine Plattform oben drauf wurde früher als Tanzboden genutzt.

Ben und Ronja sausen hinauf und schauen von oben runter. Amüsiert beobachten sie neugierige Touristen, die an dem Griff des Holzkastens mit der aufgemalten Uhr ziehen – und dann erschrecken.

„Wer ist denn der kleine Typ mit den lockigen roten Haaren und dem Weinglas in der Hand?“ Ronja zeigt auf eine Holzfigur.

Das ist der kleinwüchsige Perkeo. Er hieß eigentlich Clemens Pankert und war Hofmeister und Mundschenk des Kurfürsten. Damit hatte er die Verantwortung für die Weinvorräte. Auf die Frage, ob er noch einen Becher Wein leeren wolle, soll Perkeo stets in Italienisch geantwortet haben: „Perché no?“ – „Warum nicht?“ So erhielt er seinen berühmten Künstlernamen. Als Hofnarr sorgte er mit seinen Witzen und Späßen für die Unterhaltung der höfischen Gesellschaft. Berühmt ist seine Trinkfestigkeit: Der Legende nach konnte Perkeo das große Fass in einem Zug austrinken.

„Wie viel Wein passt eigentlich rein in dieses Riesenfass?“

220.000 Liter.

„Das sind ja ungefähr 1000 Badewannen voll!“, errechnet Ben blitzschnell.

Damit ist es das größte Fass der Welt! Bei Festen konnte der Wein übrigens über eine Leitung direkt aus dem großen Fass in den Königssaal gepumpt werden. Allerdings wurde es nur dreimal gefüllt, denn es war leider nicht ganz dicht.

„Und wenn den vielen Gästen dann schlecht von

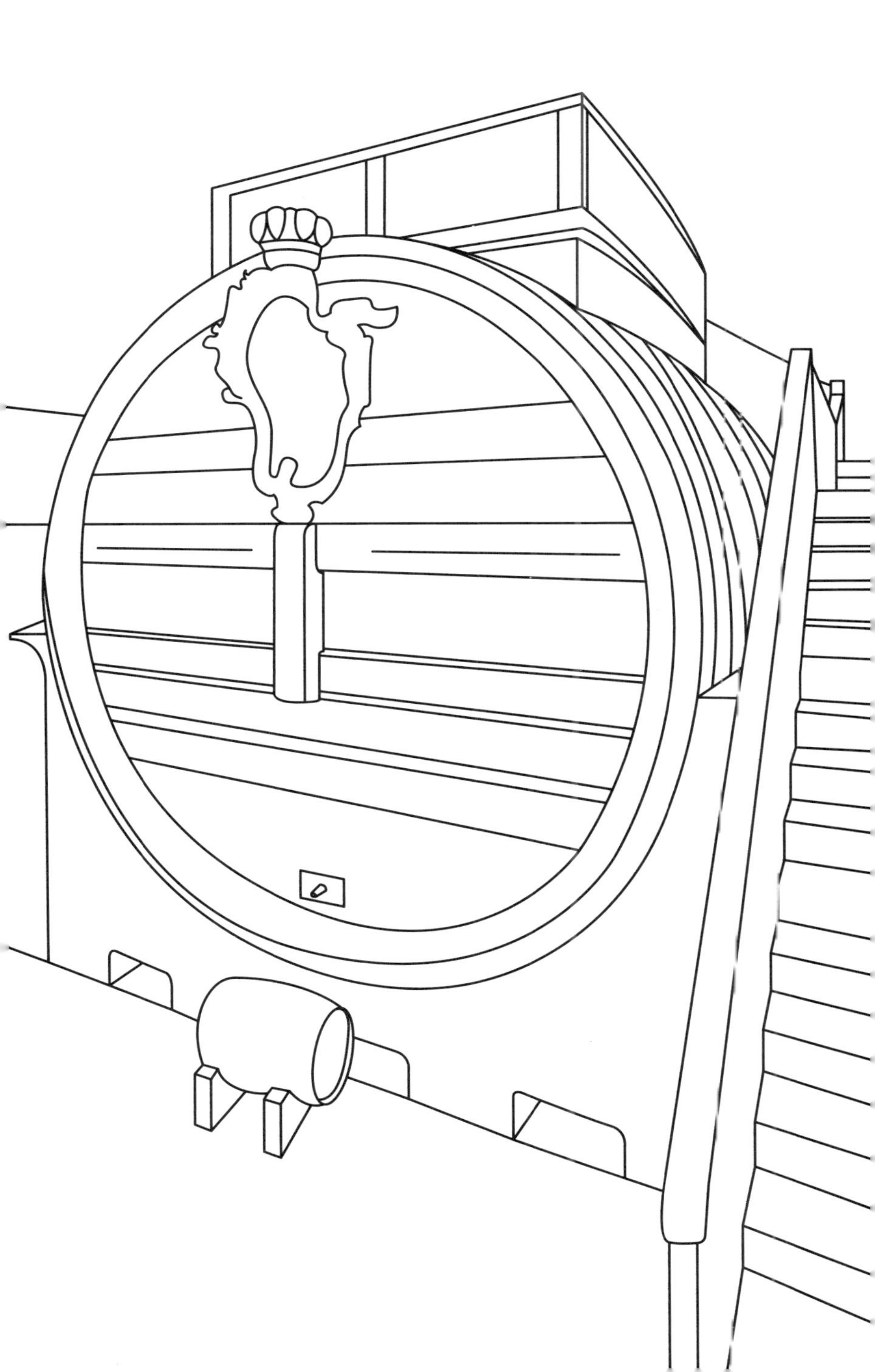

der ganzen Feierei war, sind sie bestimmt hinüber in die Apotheke gewankt, um sich ein Mittelchen gegen Übelkeit zu holen, oder?“ Die Kinder stöbern in den Prospekten am Eingang des Apothekenmuseums.

Heute kann man hier viel Spannendes erleben. Es gibt einen Lehrgang für Zauberlehrlinge mit magischem Muggelwissen, Drachenblut, Schlangenhaut und Einhörnern. Und man erfährt auch, wie ein ge-

wisser Böttger beim Versuch, Gold herzustellen, aus Versehen das Porzellan erfand.

Ronja ist mit ihren Gedanken noch beim großen Weinfass: „Warum stand eigentlich auf dem Fass ein C und ein verschnörkeltes T?“

Das heutige große Fass ist schon das vierte an dieser Stelle: Kurfürst Carl Theodor ließ es bauen. Damals wohnte er schon längst im Schloss Mannheim.

„Dann weiß ich, wohin uns die Reise als Nächstes führt“, ruft Ben und rennt voraus zur Bergbahn.

◆

Musik vom Wunderkind

Barockschloss Mannheim

„Mann-o-mann-o-mann! Gibt es denn hier keine Straßenschilder? Da stehen überall bloß Buchstaben und Zahlen!“ Ronja runzelt die Stirn.

Mannheim ist eine Planstadt.

„Das heißt, jemand hat einen Plan gemacht, bevor sie gebaut wurde?“

Genau. Die Stadt ist in Quadrate eingeteilt – und die Häuserblöcke sind so bezeichnet wie Felder auf einem Schachbrett: A4 zum Beispiel oder K2. Deshalb ist der Spitzname von Mannheim auch „die Quadratestadt“! Genau durch die Mitte führt die Kurpfalzstraße und die bringt uns direkt zum Schloss: Das Schloss Mannheim wurde unter der Herrschaft der Kurfürsten Carl Philipp und Carl Theodor erbaut. Es ist das zweitgrößte Barockschloss Europas – nach dem Schloss Versailles. Man sagt, beim Bau wurde darauf geachtet, dass es exakt ein Fenster mehr besitzt als Versailles.

„Wie haben die das gemacht? Einen Boten nach Frankreich geschickt, der dann einmal um das Schloss Versailles herumgelaufen ist und die Fenster gezählt hat?“, lacht Ben.

Von 1720 bis 1777 war Schloss Mannheim kurfürstliche Residenz. Das waren prachtvolle 58 Jahre: Der kurpfälzische Hof förderte Kunst und Musik, Wissenschaft und Handel. Kurfürst Carl Philipp von der Pfalz

ist im Rittersaal zu sehen: Über dem Kamin hängt sein Portrait. Er wird hier mit den typischen Zeichen eines barocken Herrschers gezeigt: mit Prunkharnisch und Hermelinmantel, dazu mit dem Kommandostab der militärischen Befehlsgewalt. Neben ihm auf dem Tisch liegt der Kurhut.

„Den hat er bestimmt nicht aufgesetzt, damit seine schönen Locken nicht zerdrückt werden! Diese Haarpracht bereitete seinem Friseur sicher viel Arbeit!", überlegt Ronja.

„Wohl eher seinem Perückenmacher!", kontert Ben.

Der Sonnenkönig Ludwig XIV. führt die Allongeperücke am französischen Hofe ein – angeblich aus Eitelkeit, um seine Glatze zu verbergen. „Allonge" heißt so viel wie „Verlängerung". Die Perücke wurde im Barock zum Statussymbol – ein Zeichen für Stellung und Reichtum. So eine Perücke war schwer und teuer!

„So was gibt's heute auch noch!", wirft Ben ein. „In England zum Beispiel tragen die Richter solche Perücken bei der Arbeit!"

Außer seiner Frisur hatte Kurfürst Carl Philipp von der Pfalz aber ein viel größeres Problem: Er hatte keinen Thronfolger! Zwar war er dreimal verheiratet, hatte aber nur aus seiner ersten Ehe eine Tochter. Sein Ziel: Er wollte das Kurfürstentum für seine drei Enkelinnen erhalten. Aber wie? Er holte 1734 seinen einzigen männlichen Verwandten, den jungen Carl Theodor von Pfalz-Sulzbach, zur Erziehung an den Mannheimer Hof. Carl Theodor war damals gerade mal 10 Jahre alt. Als er zu einem jungen Mann von 17 Jahren herangewachsen war, wurde er mit seiner Cousine, der ältesten Enkelin von Carl Phillip, verheiratet. Sie hieß Elisabeth Auguste und der Tag der Hochzeit war ihr 21. Geburtstag.

„Naja, das klingt ja nicht gerade nach Liebe – eher nach einem ausgeklügelten Plan!“, merkt Ben an.

Ja, so war das damals. Wer wen heiraten sollte, wurde aus machtpolitischen Erwägungen schon früh geregelt.

„Das heißt, die beiden hatten gar keine Wahl? Das wurde einfach so bestimmt?“ Ronja ist empört.

Am gleichen Tag wurde die mittlere der beiden Enkelinnen, Maria Anna, mit dem Herzog Clemens Franz von Bayern vermählt. Die Doppelhochzeit war das größte Fest, das Mannheim je gesehen hat!

„Gab es ein Feuerwerk?“

Die Straße war am Abend feierlich mit Fackeln beleuchtet. Doch viel sehen konnte man trotzdem nicht: Die Stadt versank im Rauch, weil vor Freude so viele Kanonen abgefeuert worden waren.

„Damals hat man also auch schon geböllert! Und gab es eine Disco – ich meine, Musik und Tanz?“

Klar! Nach der Trauung wurde eine Oper aufgeführt. Anschließend gab es eine rauschende Ballnacht im Rittersaal. Kurfürst Carl Philipp, der Großvater der Braut, besser gesagt: der beiden Bräute, war damals 80 Jahre alt und saß im Rollstuhl. Trotzdem wollte er nicht aufs Tanzen verzichten: Er ließ sich in seinem Rollstuhl zur Musik herumfahren – und zwar so wild, dass der Rollstuhl fast umgekippt wäre!

„Rock'n'Roll im Rittersaal!", wirft Ben ein.

In der Silvesternacht desselben Jahres starb Kurfürst Carl Philipp. Carl Theodor übernahm die Regierung. Er war eher liebenswürdig und schüchtern, also nicht gerade der geborene Herrscher. Man sagt, es fehlte ihm an Kontaktfreude und Energie. Aber er hatte ein großes Pflichtbewusstsein und wollte die hohen Erwartungen, die man in ihn setzte, bestmöglich erfüllen. Besonders viel Geld steckte Kurfürst Carl Theodor in Kunst und Wissenschaft: So gründete er die Akademie der Wissenschaften und errichtete das Deutsche Nationaltheater. Außerdem beschäftigte er hier am Hof 40 Hofmusiker. Mozart wollte das berühmte Hoforchester der „Mannheimer Schule" kennenlernen und erhoffte sich eine Anstellung bei Hof. Mit 17 Jahren spielte er im Rittersaal Klavier. Sein strenger Vater und Lehrer, Leopold Mozart, rühmte die kurfürstliche Hofkapelle als bestes Orchester in Deutschland. „Da gibt es weder Säufer noch Spieler, noch liederliche Lumpen", sagte er einmal. Zu dieser Zeit war Mannheim eine der bedeutendsten Musikmetropolen Europas!

„Hier spielte die Musik!" Ben freut sich über seinen Einfall.

Als Kurfürst Carl Theodor 1777 das Kurfürstentum Bayern erbte und samt Hofstaat nach München zog, sah Leopold Mozart in Mannheim keine Zukunft mehr für seinen Sohn. Er drängte ihn, bald nach Paris abzureisen. Wolfgang aber mochte in Mannheim bleiben, denn er hatte Aloysa Weber, eine sechzehnjährige Sängerin, kennengelernt – die ältere Schwester seiner zukünftigen Frau Constanze.

„Der Vater hat ganz schön über das Leben seines Sohnes bestimmt, oder?", grübelt Ronja.

„Heute würde man vielleicht sagen, er war sein Manager!", erwidert Ben.

In dieser Zeit durfte Wolfgang Amadeus Mozart die unehelichen Kinder des Kurfürsten unterrichten. Mozart sah seine Berufung allerdings nicht als Musiklehrer oder Musiker, sondern als Komponist. Und komponieren durfte er auch für Carl Theodor. In Mannheim entstand Mozarts einziges Flötenkonzert. Vermutlich wollte sich der junge Komponist damit einschmeicheln, denn der Kurfürst liebte das Flötenspiel ganz besonders.

„Ich hab sogar schon mal ein Portrait von Carl Theodor mit Flöte gesehen – ich glaube, das war im Reiss-Engelhorn-Museum, hier in Mannheim!“, fällt Ben da ein.

Doch es half alles nichts: Nach einigen Briefen, die zwischen Mozart und seinem Vater hin- und hergingen, musste sich Mozart dem Wunsch des Vaters beugen. Am 14. März 1778 nahm er schweren Herzens Abschied von Aloysia und seinen Freunden und reiste mit der Mutter nach Paris. Die Reise dauerte damals neun Tage. Am 4. August 1782 heiratete Mozart im Wiener Stephansdom die zwanzigjährige Constanze, die jüngere Schwester von Aloysia.

„Und wie ging es hier in Mannheim weiter? Wer lebte denn dann hier im Schloss?“

Zwischen 1806 und 1811 lebten im Schloss Mannheim der Erbgroßherzog Carl von Baden und seine Frau Stéphanie de Beauharnais.

„Carl Phillipp – Carl Theodor – Carl von Baden ... die hießen wohl alle Carl?“, stellt Ben fest.

„Aber ihr Name klingt sehr französisch!“

Sie war Französin. Und aus Frankreich – vermutlich sogar aus der Hauptstadt Paris – ist auch das ganz besondere Schmuckstück der Ausstellung: das Diadem der Großherzogin Stéphanie, bestehend aus Perlen und Diamanten. Hier, im großherzoglichen

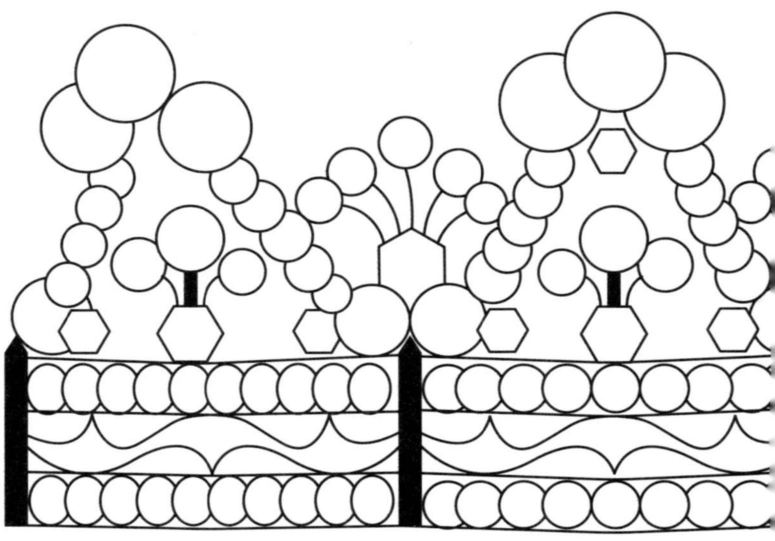

Speisezimmer mit den prachtvollen Wandteppichen, haben Carl von Baden und seine Frau Stéphanie immer fürstlich getafelt. Daran erinnert auch das wertvolle Speisegeschirr aus Silber.

„Guck mal, Ben!“ Ronja zieht ihren Bruder aufgeregt am Ärmel. „Da pinkelt einer in die Ecke!“

„Was? Wo? Wer?“ Ben fährt herum und betrachtet die Besucher genauer, die entspannt durch die Räume schlendern.

Ronja kringelt sich vor Lachen. „Da! Auf dem Wandteppich!“

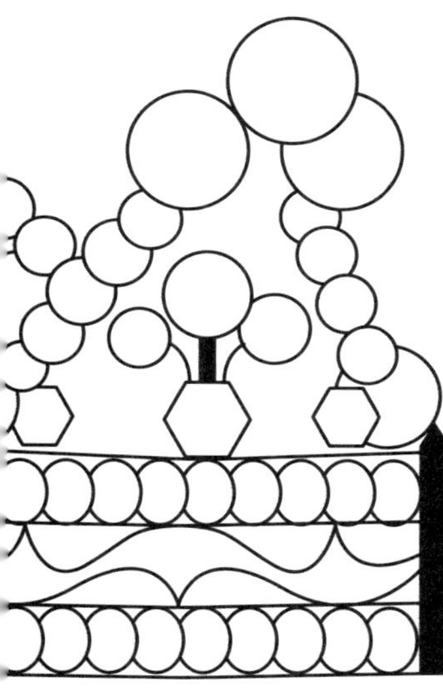

„Du hast vielleicht Humor!“, knurrt Ben, als er den Wildpinkler auf dem dreihundert Jahre alten Gobelin entdeckt hat.
„Wieso ich? Das war vielleicht der Humor des Großherzogs Carl von Baden und seiner Frau Stéphanie! Wie die beiden sich wohl kennengelernt haben?“, will Ronja wissen.
„Im Urlaub vielleicht?“, scherzt Ben.
Stéphanie de Beauharnais wurde mitten in den Wirren der Französischen Revolution in Versailles geboren – als Tochter des Hauptmanns der königlichen

Leibgarde. Die Mutter erkrankte an Tuberkulose und starb. Der Vater übergab seine dreijährige Tochter an die Engländerin Lady Bath, eine Jugendfreundin der Mutter. Die nahm das Kind aber nicht mit nach England, sondern vertraute es zwei Nonnen an, die mit dem Kind in Südfrankreich untertauchten.

„Arme kleine Stéphanie! Weitergereicht wie ein Paket!"

Inzwischen hatte Napoléon Bonaparte erfahren, dass es in Südfrankreich eine entfernte Verwandte seiner Frau Joséphine de Beauharnais gab. Er verlangte vom Vater des Kindes, seine Tochter nach Paris zurückzuholen. So musste Stéphanie im Alter von 14 Jahren nach Paris umziehen. Sie bekam eine standesgemäße Ausbildung. Nach Abschluss ihrer Schulzeit wurde Stéphanie von Napoleon adoptiert. Dadurch wurde sie zur Kaiserlichen Hoheit und rangierte am Hof noch vor den beiden Schwestern Napoleons.

„Das war aber nett von Napoleon, dass er sich um eine entfernte Verwandte seiner Frau so kümmert!"

Nett vielleicht. Vor allem aber war der selbst ernannte Kaiser der Franzosen schlau: Durch die Adoption wurde Stéphanie zu einer standesgemäßen Braut. 1806 musste sie den Thronfolger Badens, Carl Ludwig Friedrich, heiraten – Napoleon wollte das Land am Rhein näher an sich binden. Das Königreich Württemberg und das Großherzogtum Baden bildeten nämlich einen Puffer zwischen Frankreich und dem Konkurrenten Österreich. Sie waren stark genug, um an der Seite Frankreichs zu kämpfen – gleichzeitig aber auch schwach genug, um sich nicht gegen das mächtige Frankreich aufzulehnen zu können.

„Das klingt ja mal wieder so richtig nach Kuhhandel!" Ronja schüttelt den Kopf und stemmt die Hände in die Seiten. „Da wurden die zwei einfach so verheiratet, ob sie sich mochten oder nicht – nur wegen der Politik!"

Der Prinz hätte viel lieber seine Cousine, die Prinzessin Auguste von Bayern, geheiratet. Bei jeder Gelegenheit äußerte er seinen Widerstand gegen die erzwungene Heirat mit der Adoptivtochter Napoleons. Auch seine Mutter Amalie giftete gegen die unwillkommene Schwiegertochter. Die Ehe der lebenslustigen Französin mit dem griesgrämigen Badener begann also schwierig. Die beiden kannten sich nicht – die Hochzeitsnacht musste Carl vor Stéphanies verschlossener Tür verbringen.

„Wurde Stéphanie denn wenigstens später glücklich in Mannheim?", fragt Ben mitfühlend.

Erst vier Jahre nach ihrer Hochzeit, im Jahr 1810, fanden sie zueinander. Im darauffolgenden Jahr wurde ihr erstes Kind in Schloss Schwetzingen geboren:

Luise von Baden. Das Paar bekam insgesamt fünf Kinder. Die drei Töchter überlebten, die beiden Söhne starben früh.

„Oh je, wie traurig!", sagt Ronja betrübt.

„Das war normal damals – viele Kinder überlebten das Säuglingsalter nicht", versucht Ben sie zu trösten.

„Ja, aber damit hatte Stéphanie ja ihre wichtigste Aufgabe, wie man damals dachte, nicht erfüllt – einen Stammhalter großzuziehen!"

1811 starb Carls Großvater Carl Friedrich – der übrigens Folter und Leibeigenschaft abgeschafft hatte. Carl von Baden übernahm die Regierung und das Paar wohnte einige Jahre im Karlsruher Schloss. Aber Carl starb 1818 und Stéphanie erhielt Mannheim als Witwensitz. Mit ihrem Hofstaat bezog sie den westlichen Schlossteil und lebte hier als hochgeachtete Persönlichkeit noch 42 Jahre. Sie machte sich zum Beispiel einen Namen als liebenswürdige, geistreiche Gastgeberin, sie gründete einen Frauenverein und engagierte sich sozial. Und sie reiste gern.

„Reisen ist genau unser Geschmack: Wie weit ist es eigentlich von Schloss Mannheim bis zum Schloss Schwetzingen?", fragt Ben.

Mit dem Fahrrad eine Stunde.

„Auf! Sattelt die Pferde! Schwingt euch auf eure Drahtesel! Schwuppdiwupp, schon sind wir in Schwetzingen!“

◆

Auf dem fürstlichen Plumpsklo

Schloss Schwetzingen

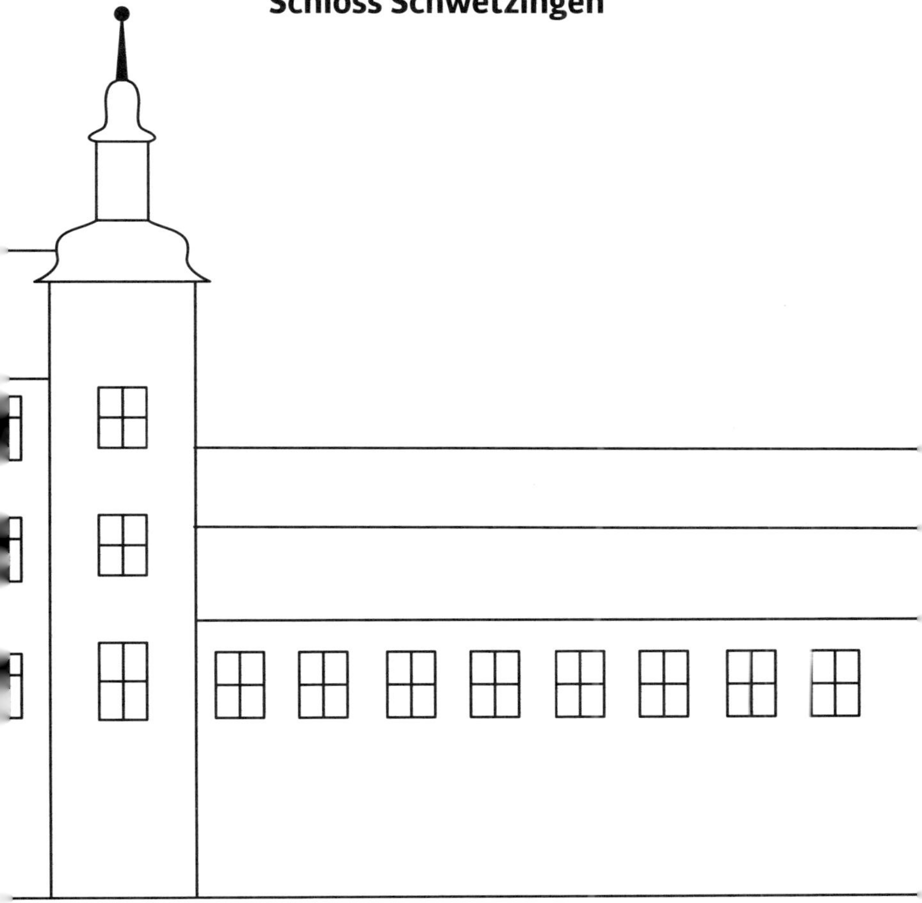

„Wieso sind denn da gleich zwei Uhren am Schloss?“ Ronja schaut nach oben.
„Na, damit zwei Leute gleichzeitig die Zeit ablesen können!“ Ben kommt sich sehr witzig vor.
„Und wie spät ist es gerade?“ Ronja blinzelt ratlos.
„Sag bloß, du kannst die Uhr noch nicht lesen? Es ist … Moment mal …“ Verwirrt schaut Ben zwischen seiner Armbanduhr und den Zeigern der Schwetzinger Schlossuhren hin und her. Ungläubig schüttelt er den Kopf: „Da ist doch was verkehrt! Ich glaub, die ticken nicht ganz richtig!“
Bei den alten Uhren am Barockschloss sind die Zeiger vertauscht! Der große, lange zeigt die Stunden und der kleine, kurze die Minuten an – genau andersherum als sonst üblich! Warum? Das ist ein ungelöstes Rätsel. Vielleicht hat sich der Kurfürst Carl Theodor von der Pfalz einen Scherz erlaubt, als er Schloss Schwetzingen zur spektakulären Sommerresidenz ausbauen ließ.
„Ach, die wohnten hier nur im Sommer?“
Mehr als 500 Leute reisten Sommer für Sommer in Schwetzingen an. Außer dem Kurfürst und seinem ganzen Hofstaat kamen auch jede Menge Dichter, Komponisten und Schaulustige. Von April bis Oktober glich Schwetzingen einer Künstlerkolonie: Aus allen Fenstern klang Musik – Violinen, Klarinetten,

Oboen – oder gleich ein ganzes Ensemble, das gemeinsam probte. Der wunderschöne Park und sogar die Aufführungen des Theaters waren öffentlich: Untertanen wie Fremde hatten freien Eintritt – sofern sie schick angezogen waren. Hier in Schwetzingen schien das Leben ein einziges Fest. Im Juli 1763 machte sogar das Wunderkind, das wir aus Mannheim kennen, mit seiner Familie Station.

„Mozart!", rufen Ben und Ronja gleichzeitig.

Richtig! Der siebenjährige Wolfgang Amadeus versetzte den ganzen Hofstaat in Staunen! Im Programm wurde angekündigt, dass der Knabe sogar spielen könne, wenn die Tastatur mit einem Tuch verdeckt sei. Außerdem durfte das Publikum ihm Tonfolgen vorgeben, nach denen er dann auf dem Klavier improvisierte.

Im Schloss kann man die fürstlichen Wohnräume besichtigen. Die beiden Appartements von Kurfürst Carl Theodor und seiner Ehefrau Elisabeth Augusta liegen im ersten Obergeschoss des Schlosses. Sie bestehen jeweils aus Vorzimmer, Schlafzimmer und Kabinett.

„Durften sie nicht oder wollten sie nicht?", rätselt Ronja.

„Was meinst du?"

„Na, ein gemeinsames Schlafzimmer haben!"

Es war üblich, dass Fürst und Fürstin in getrennten Räumen wohnten. Das Schlafzimmer gemeinsam zu nutzen, galt nicht als standesgemäß. Am 28. Juni 1761, zwanzig Jahre nach der Hochzeit – die Kurfürstin war 40 Jahre alt –, wurde hier im Schlafzimmer ihres Appartements der lang ersehnte Sohn geboren.
„Oh, da haben sie sich aber gefreut!"
Die Freude währte leider nur kurz. Der kleine Franz Josef Ludwig starb noch am selben Tag.
„Oh, nein! Das war bestimmt schwer für die Eltern!"
Sehr sogar. Von diesem Schicksalsschlag erholte sich die Kurfürstin nicht mehr. Das Ehepaar lebte seither weitgehend getrennt. Vom Schlafzimmer der Kurfürstin Elisabeth Augusta führt übrigens eine Tapetentür zum geheimen Gemach.
Da hat Ben eine Idee: „Ronja, du magst doch gerne Rätsel, oder? Lass uns Lexikanone spielen:
Jeder sucht sich ein schwieriges Wort. Zu der einen richtigen Erklärung muss man sich noch zwei falsche ausdenken. Der andere rät, welche Erklärung stimmt! Bist du bereit?"
„Na klar! Ich bin gespannt!"
„Was ist ein Separée? Du hast drei Antwortmöglichkeiten. Ist es:

a) ein süßes Schaumgebäck,

b) ein abgetrennter Raum,

c) ein Tier in Afrika, das mit dem Reh verwandt ist?"

Ronja tippt auf die Süßigkeit, aber Ben zeigt auf einen kleinen Raum neben dem Schlafzimmer der Kurfürstin.

„Okay, ich hab auch ein Wort!", ruft Ronja. „Was ist eine Retirade? Ist es:

a) ein Wortschwall,

b) die Abkürzung für Rentierparade,

c) ein Toilettenstuhl?"

„Retirade? Wenn ich mich hier so umgucke, tippe ich auf: c!" Ben hat den Stuhl mit dem Loch in der Sitzfläche entdeckt.

Ronja kichert: „Schon witzig! Sieht aus wie ein Nachttopf, der sich als Stuhl verkleidet hat!"

„Natürlich! Jetzt bekommt das Wort ‚Stuhlgang' endlich Sinn!", ruft Ben und schlägt sich die Hand vor die Stirn. „Die sind auf den Stuhl gegangen!"

„Und die kurfürstlichen Hinterlassenschaften haben bestimmt nach Veilchen und Vanille geduftet!", amüsiert sich Ronja.

Die Abholung des gefüllten Nachttopfes erfolgte ganz diskret: Eine Durchreiche in der Wand führt zur Dienertreppe.

„Dienertreppen? Die gibt es doch auch im Ludwigsburger Schloss!", erinnert sich Ronja.

Wollte Elisabeth Augusta von ihrem Schlafzimmer in

das Speisezimmer, so musste sie durch das Zimmer der Kammerdienerinnen. Dort schmücken 26 ovale Bildnisse junger Frauen die Wände.

„Die sehen irgendwie nicht gerade aus, als würden sie Nachttöpfe entleeren – so vornehm, wie die angezogen sind?“

Das sind Hofdamen. Diese adeligen Fräulein waren Gesellschafterinnen in kurfürstlichen Diensten. Für diese Aufgabe mussten sie sich nicht nur anständig benehmen können, sondern auch gut gebildet sein. Und mit etwas Glück konnten sie sich einen einflussreichen Mann aus dem Hofstaat angeln.

„Wäre toll, wenn man ein Bild anklicken könnte – dann würde die Hofdame zum Leben erweckt und uns von ihrem Leben bei Hofe berichten!“, träumt Ronja.

So etwas Ähnliches gibt es hier: Sonderführungen, in denen Hofdamen aus dem Alltagsleben im Schloss plaudern! Hier war ja immer etwas los: Feste, Konzerte, Theateraufführungen ... Das Schönste am Sommer in Schwetzingen aber war: der Garten.

„Garten. Das klingt nach Radieschenbeet, umgraben und Unkraut zupfen.“ Ben rollt mit den Augen.

Ganz im Gegenteil! Der Schwetzinger Schlossgarten war für die Menschen wie das Paradies – ein Garten Eden. Oder mit einem Begriff der Antike ausge-

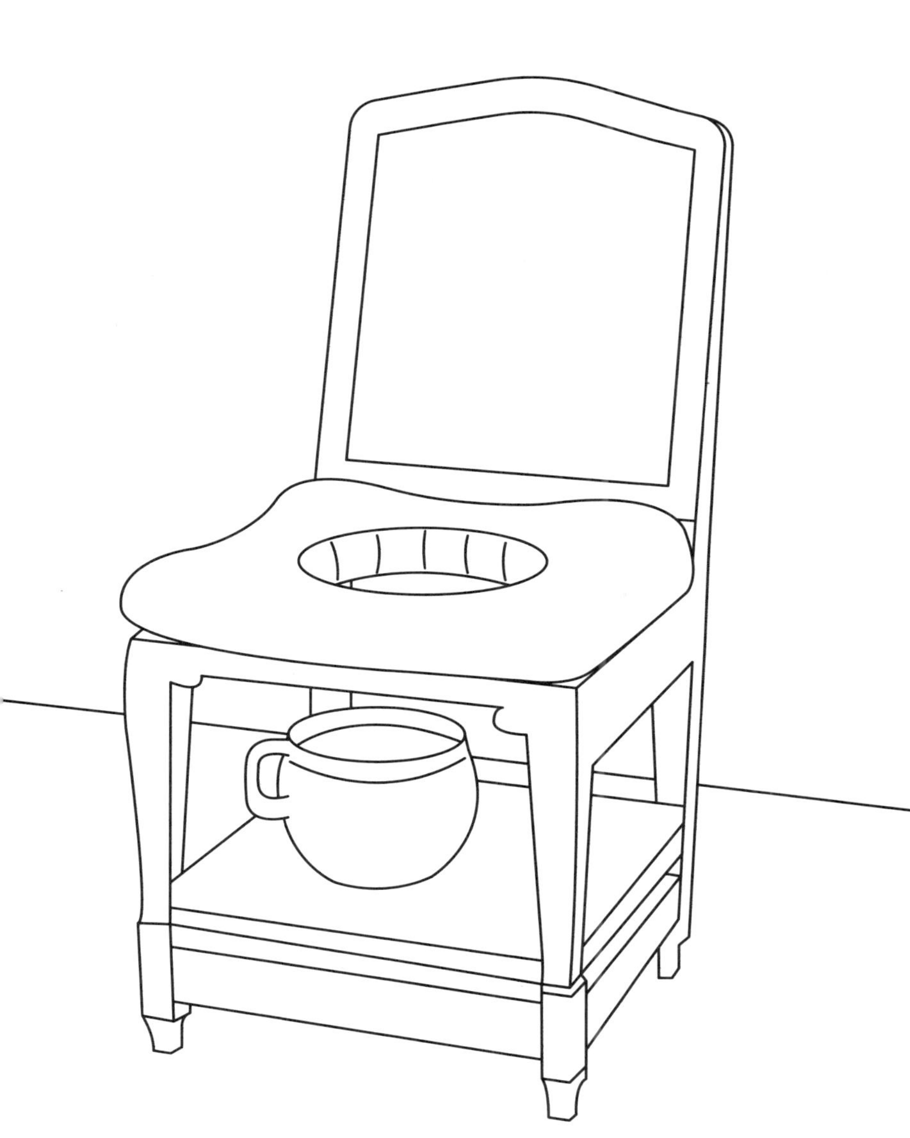

drückt: Arkadien – die Landschaft der griechischen Mythologie, in der Götter und Menschen friedlich und freudevoll miteinander lustwandeln. Man könnte es auch so sagen: Der Garten ist ein Schloss – mit den Mitteln der Natur gebaut. Er enthält alles, was es zum Vergnügen der Besucher braucht: Licht und Schatten, Blumen und Wasser ...

„Wer ist das da im Brunnen, der auf einem großen Fisch reitet – und dabei auch noch Musik macht?“, will Ronja wissen.

Das ist Arion. Er war Sänger und soll etwa 600 Jahre vor Christus gelebt haben. Die Legende berichtet, dass er in Sizilien einen Sängerwettbewerb gewann und mit wertvollen Preisen belohnt wurde. Nach seinem Erfolg machte er sich mit dem Schiff auf den Heimweg.

Aber Seeräuber waren auf seine Reichtümer aufmerksam geworden: Sie überfielen sein Schiff. Arion wurde vor die Wahl gestellt: „Entweder du springst ins Wasser oder wir bringen dich um!“

„Oh je, hoffentlich konnte er schwimmen!“, hofft Ronja.

Sein letzter Wunsch war, noch ein einziges Mal singen zu dürfen. Der Wunsch wurde ihm erfüllt. Von diesem wunderbaren Gesang wurden Delfine angelockt: Sie begleiteten das Schiff. Nachdem er gesungen hatte, sprang er über Bord ins Wasser. Unbemerkt von der Besatzung des Schiffes, retteten ihn die Delfine. Sie trugen ihn abwechselnd. So konnte er nach Korinth heimkehren.

„Und die Seeräuber?“

Als die habgierigen Seeräuber später ebenfalls in Korinth ankamen, wurden sie entlarvt und erhielten ihre gerechte Strafe.

„Der Fisch sieht zwar nicht unbedingt aus wie ein Delfin – aber hoch spucken kann er!“, bemerkt Ben anerkennend.

Für den Betrieb der Wasserspiele im Schwetzinger Schlossgarten war eine ausgeklügelte Wasserversorgung mit entsprechender Maschinerie nötig. Die zahlreichen Brunnen und Wasserkünste wurden durch zwei Wasserwerke versorgt.

„Und wie funktionierte das – so ohne Strom?“

Heute machen das natürlich elektrische Pumpen. Aber damals dienten Wasserräder im benachbarten Leimbach als Antrieb. Wellen und Zahnräder übertrugen die Kraft auf Kolbenpumpen. Dann wurde das Wasser in große, hohe Vorratsbehältnisse gepumpt. Über die Druckleitung des oberen Wasserwerks konnte sogar eine Höhe von 15 Metern bei der Fontäne des Arionbrunnens erreicht werden – das war für die damalige Zeit eine enorme Leistung. Da konnte man

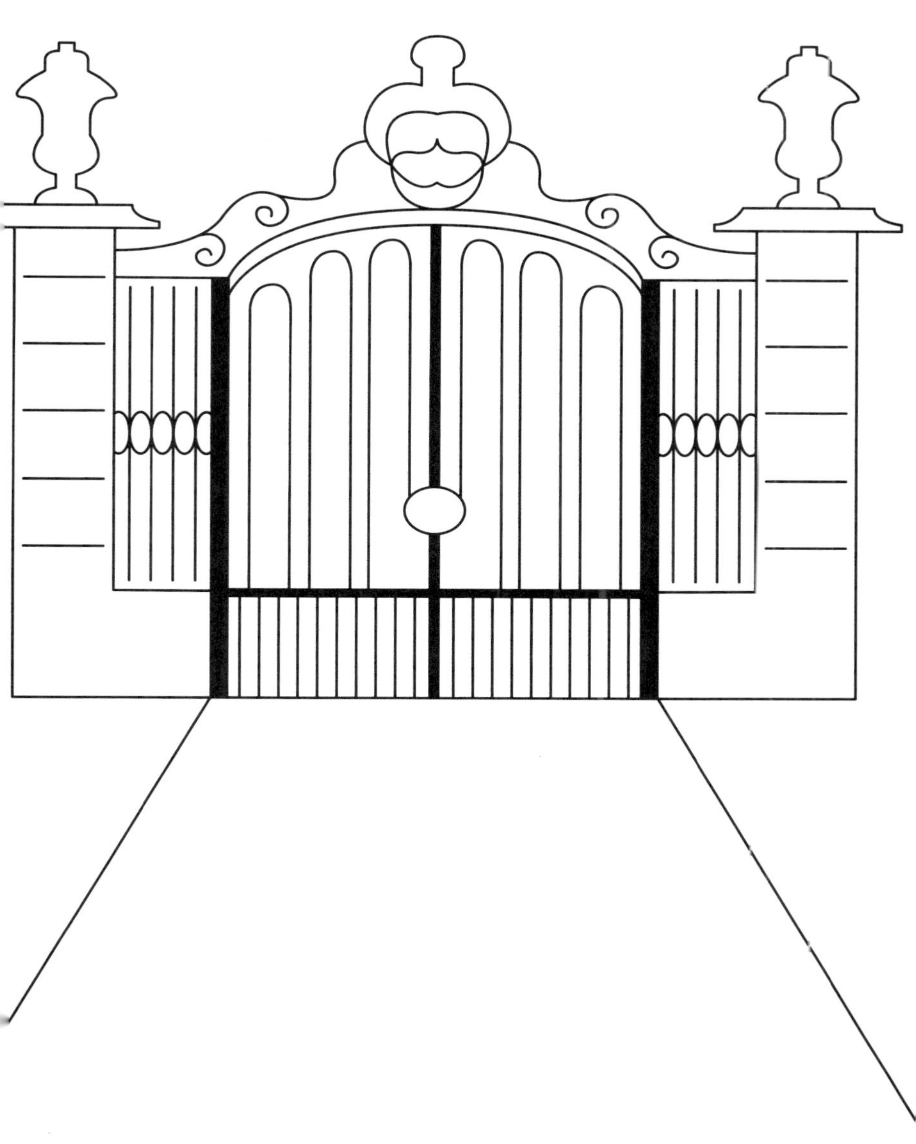

noch nicht mal in Versailles mithalten: Die Fontänen dort waren teilweise höher als in Schwetzingen, aber funktionierten oft nicht. Man erzählt, der französische Sonnenkönig Ludwig XIV. ließ sich von seinen Hofgärtnern austricksen: Weil er immer dieselbe Route durch seinen Garten spazierte, wussten die Gärtner genau, wann welches Wasserspiel laufen musste ...

„Das würde ich gern sehen – wie die das gemacht haben", murmelt Ben versonnen.

„Meinst du, wie die Gärtner den französischen König austricksten?", fragt Ronja belustigt.

„Nein, die Technik, die hinter der Wasserkunst steckt!"

Kein Problem. Das Untere Wasserwerk wurde restauriert: Man kann es besichtigen.

„Gab es eigentlich auch einen Swimmingpool hier? Ich meine, ein fürstliches Freibad oder so?"

Das nicht, aber ein Badehaus gab es. Das Badehaus ist übrigens das einzige Bauwerk im Garten, welches als Wohnraum genutzt wurde – und nicht nur zur Dekoration diente.

Es war der private Rückzugsort Carl Theodors: Während der übrige Schlossgarten öffentlich zugänglich war, durfte der Badehausbereich, zu dem ein eigener Garten gehört, nur auf Einladung oder mit Genehmigung des Kurfürsten betreten werden.

„Oh, wie schön! Der sieht ja aus wie gewebt!“ Ronja ist ganz begeistert vom Fußboden im Ovalsaal.
„Hast du Angst vor Schlangen?“, ruft Ben aus dem kurfürstlichen Badezimmer. Neugierig folgt sie ihm und beide bewundern die gekrönten Schlangen.
Durch die Schlangenrohre kam das warme Wasser aus der Badehausküche. Dort befand sich nämlich auch der Kessel zum Erhitzen des Badewassers.
„Nicht schlecht!“, kommentiert Ben – und Ronja weiß: Das ist das höchste Lob im Schwäbischen.
Es gibt aber nicht nur wasserspeiende Schlangen im Schwetzinger Schlosspark: Im Garten des Badehauses befindet sich der Brunnen der wasserspeienden Vögel!
„Da in der Mitte sitzt ein Uhu – oder ist das vielleicht eine Eule?“, rätselt Ben.
„Beides!“, weiß Ronja. Und als Antwort auf Bens fragenden Blick ergänzt sie: „Der Uhu ist die größte europäische Eulenart!“
„Ach so, und warum spucken die anderen Vögel auf ihn runter?“
„Na, vielleicht, weil er einen Fasan gefangen hat?“ Ronja hat jetzt den Kopf in den Nacken gelegt und versucht, einige der dargestellten Vogelarten zu erraten.
„Sag mal, hast du auch den Eindruck, dass die eisernen Vögel hier richtig zwitschern?“ Ben schaut sich

suchend nach versteckten Lautsprechern um.
„Da sind lebendige Lautsprecher!“, lacht Ronja und zeigt auf vier Volieren in den Nischen: Darin hüpfen putzmunter Sittiche und Zierfinken herum.

Ganz hier in der Nähe befindet sich auch das „Ende der Welt“.

„Das Ende der Welt?“ Ben und Ronja schauen ungläubig.

Na, dann guckt mal in den Laubengang!

„Das sieht ja aus wie ein grüner Blättertunnel!“
„Ich kann eine Flusslandschaft erkennen! Ganz am Ende!“

Wenn man näherkommt, stellt man fest: Auf einer halbrunden Mauer ist ein Landschaftsgemälde. Das wird durch das Sonnenlicht beleuchtet und strahlt richtig.

„Genial! Eine optische Täuschung!“
„Vorsicht! Nicht, dass du noch ins Wasser fällst!“, warnt Ben seine Schwester kurze Zeit später.
„Wieso sollte ich?“, fragt Ronja, die auf einer weißen, geschwungenen Brücke steht.

Die oft als chinesisch bezeichnete Brücke wird im Volksmund auch „Lügenbrücke“ genannt. Wer auf den unregelmäßigen Stufen ins Stolpern kommt, soll schon einmal geschwindelt haben.

„Ich hab noch nie gelogen!“, lacht Ronja und rennt

über die Brücke.

„Das war eine Lüge!“, ruft Ben und setzt ihr nach.

Die Brücke verbindet den französischen mit dem englischen Gartenteil.

„Was ist eigentlich anders am englischen Garten?“

Echtheit und Natürlichkeit kamen in Mode, auch in der Gartenkunst. Darum schickte Kurfürst Carl Theodor den Sohn seines Hofgärtners nach England. Die Ideen, mit denen Friedrich Ludwig Sckell zurückkam, waren revolutionär: geschwungene Wege statt der schnurgeraden im französischen Garten. Bäume, Sträucher und Seen, die wie unberührte Natur aussehen.

„Da musste der Kurfürst aber ganz schön weit laufen durch seinen großen Garten!“, bemerkt Ronja.

Für Kurfürst Carl-Theodor kaufte sein Gartenarchitekt Pigage 1775 in London einen Gartenphaeton mit Lakai-Antrieb.

„Was?“ Ronja versteht kein Wort. Ben knufft sie in die Seite.

„Verzeihung: Wie bitte?“

Man kann es sich vorstellen wie eine Kutsche ohne Pferde – also ein Wagen mit Null PS.

„Und ohne Pferdeäpfel!“, grinst Ben.

Vorn saß der Kurfürst und lenkte. Hinter ihm musste ein Diener, also ein Lakai, zwei Bretter abwechselnd nach unten treten – das diente dem Antrieb der Räder.

„Dann war es fast so was wie eine Fahrrad-Rikscha?“, überlegt Ronja.

So ähnlich. Der Muskelkraftwagen ist heute im Schloss Nymphenburg bei München ausgestellt. Er regte übrigens den Heidelberger Studenten Karl Drais zu einer Erfindung an.

„Die Draisine! Der Vorgänger des Fahrrads!“ Bens Augen leuchten.

„Wenn das Ding fahren konnte, muss man es Vorfahre des Fahrrads nennen!“, lacht Ronja.

Die allererste Fahrt mit einer „Laufmaschine“ führte vor rund zweihundert Jahren, am 12. Juni 1817, vom Schloss Mannheim bis zur kurfürstlichen Sommerresidenz in Schwetzingen und wieder zurück. Karl Freiherr Drais von Sauerbronn benötigte für die etwa 14 Kilometer lange Strecke etwas weniger als eine Stunde.

„Dann war er also etwa 14 km/h schnell?“, weiß Ronja sofort, weil sie gut zugehört hat.

Genau – und damit war er so schnell wie ein Reiter auf seinem Pferd. Trotzdem erntete Drais zu Lebzeiten nicht nur Bewunderung: Seine Erfindung wurde auch als hölzernes Pferd verspottet. Das hat Kurfürst Carl Theodor allerdings nicht mehr erlebt. Er starb 1799 in München.

„Was hat er denn da gemacht? Hat er jemanden besucht?“, wundert sich Ben.

Nein, er hatte 1777 Bayern geerbt – und musste deshalb schweren Herzens nach München umziehen. Zwar bezahlte er noch die Vollendung und später den Erhalt Schwetzingens, aber seine Besuche wurden immer seltener. Wie zum Trost ließ er seinen Hofgärtner in München noch einmal ein Landschaftskunstwerk gestalten: den Englischen Garten.

„Dann fahren wir als Nächstes nach München? Ist das nicht ein bisschen weit?", fragt Ronja.

„Ich hab eine bessere Idee: Erinnerst du dich an das Kloster Maulbronn, unsere erste Station?"

„Klar! Da, wo Doktor Faust versuchte, Gold herzustellen." Ronja nickt.

„Ich kenne ein Schloss, da lebte auch ein Goldmacher! Es gibt dort ein Alchemielabor zu besichtigen, einen Hexengarten, einen Saal mit exotischen Tieren, außerdem Riesen, Gnome und ..."

„Halt, halt, halt!", unterbricht ihn Ronja. „Du brauchst gar nicht weiterzureden! Ich bin dabei! Wo geht's denn diesmal hin?"

„Nach Weikersheim!"

◆

Sechszehn Zwerge und ein Elefant

Schloss Weikersheim

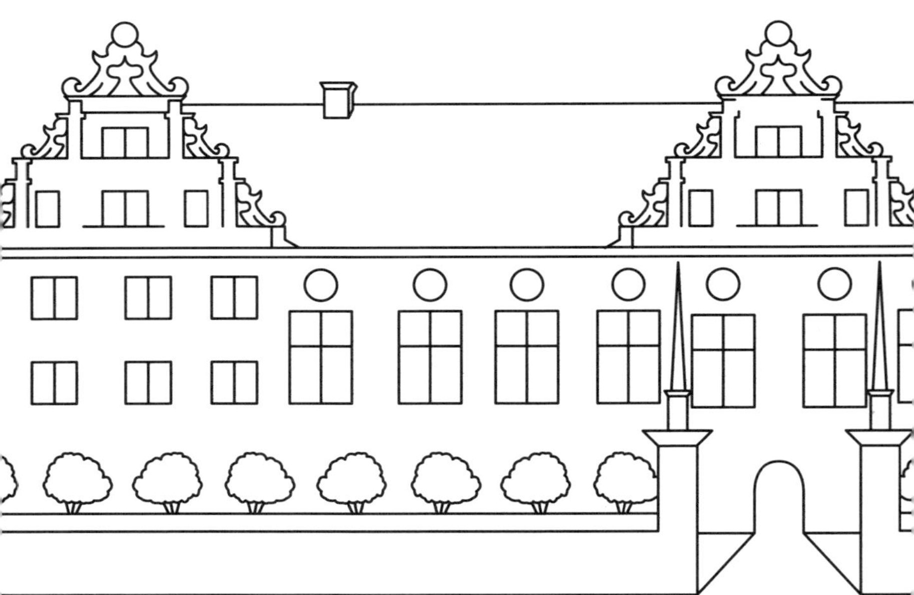

„Ich sehe was, was du nicht siehst, und das ist dreieckig!“, beginnt Ben ein Spiel.
Ronja guckt und guckt und guckt ...
„Das Schloss!“
Würde man mit einem Heißluftballon nach oben steigen, könnte man es sehen: Das Schloss hat einen dreieckigen Grundriss. So etwas gibt es nur sehr selten!
Am Anfang war Weikersheim eine Wasserburg – also ringsum von Wassergräben umgeben. Der Mann, der die Wasserburg zu einem Renaissanceschloss umbauen ließ, war Graf Wolfgang II. von Hohenlohe. Der Graf heiratete Magdalena von Nassau-Katzenelnbogen.
„Katzen-Ellenbogen? Was für ein witziger Name!“, kichert Ronja.
Sie bekamen 14 Kinder – sechs Jungen und acht Mädchen.
„So viele Geschwister?“ Ben und Ronja sehen sich erstaunt an.
Das war selbst für die damalige Zeit eine große Kinderschar. Wolfgang II. regierte 42 Jahre lang und modernisierte seine Grafschaft gemeinsam mit seiner Frau. Er erließ neue Ordnungen für Polizei, Verwaltung, Schule und Kirche. Er war sicher einer der bedeutendsten Herrscher von Hohenlohe.
„Und seine Frau? War die etwa nur fürs Kinderkriegen zuständig?“

Ganz und gar nicht: Seine Frau, die Gräfin, wusste viel über Naturheilkunde und kannte die besonderen Kräfte der Pflanzen. Für den Ort Weikersheim und seine Bewohner war das ein Glück, denn sie richtete im Schloss eine Apotheke ein und legte einen Garten mit Heilkräutern an. Sogar ein Arzneibuch schrieb sie: Es enthielt fast 600 Seiten Rezepte – für innere Krankheiten, äußere Verletzungen, Frauen- und Kinderheilkunde.

„Bei so vielen Kindern war bestimmt immer mal eins krank oder hatte ein aufgeschlagenes Knie!"

Schon ihre Mutter Juliana hatte viel über Heilkunde geforscht und ein Buch veröffentlicht. Die war übrigens Mutter von 17 Kindern! Auch im Finanzwesen der Grafschaft hatte Magdalena offensichtlich mitzubestimmen: Viele Rechnungen tragen ihre Unterschrift – gleichberechtigt mit der Unterschrift ihres Ehemannes.

„Muss ja ein fortschrittlicher Graf gewesen sein, der Wolfgang!"

Der gebildete Graf hatte zahlreiche Interessen: zum Beispiel Musik, Pferdezucht und Alchemie. Diese frühe Form der Naturwissenschaft war um 1600 ein wichtiges Forschungsgebiet, auf dem sich viele Landesherren betätigten. Graf Wolfgang II. war vor allem daran interessiert, die Bodenschätze seiner

Grafschaft bestimmen zu können. Aber es ging dabei auch um spektakuläre Fragen wie das Goldmachen. Man dachte damals, es gäbe einen Weg, unedle Metalle in Silber oder Gold umzuwandeln.

„Das kann ich mir gut vorstellen! Schlösser bauen ist teuer ... Und der ganze Protz und Prunk bei Hofe kostete sicher einen Haufen Geld! Da waren die Herrscher bestimmt oft knapp bei Kasse!", lacht Ben.

Es konnten sich aber auch deshalb nur Adlige und reiche Gelehrte mit der Alchimie befassen, weil die Ausstattung ihrer Laboratorien teuer war – und die Stoffe, mit denen sie experimentierten, viel Geld kosteten.

„Ist denn das Labor von Graf Wolfgang erhalten?"

Das Gebäude selbst nicht. Aber man weiß über die alchemistische Tätigkeit Graf Wolfgangs sehr gut Bescheid, da es noch ungewöhnlich viele schriftliche Aufzeichnungen gibt: Listen von Chemikalienbestellungen, Rechnungen für den Laborbau, eigenhändige Notizen des Grafen zu seinen Experimenten und sogar ein Briefwechsel von Graf Wolfgang mit Herzog Friedrich über verschiedene Versuche! So konnte man sein Labor einschließlich zweier chemischer Öfen nachbauen und die umfangreiche Bibliothek rekonstruieren. Die eindrucksvolle Präsentation sieht man heute in der ehemaligen Schlossküche. Dort erfährt man auch die spannende Geschichte vom betrügerischen Goldmacher.

„Geht es wieder um Doktor Faust, der im Kloster Maulbronn Gold machen sollte?“, erkundigt sich Ronja.

Nein, Johann Georg Faust starb, kurz bevor Graf Wolfgang II. geboren wurde. Graf Wolfgang ging einmal einem Betrüger auf den Leim: Ein junger Mann mit Namen Michael Polhaimer behauptete, ein Geheimrezept zur Goldherstellung zu besitzen. Er wurde eingestellt und erhielt Geld, um Materialien kaufen zu können. Mit dem Geld machte er sich auf und davon. Aber er kam nicht weit. Auf dem Steckbrief hieß es, dass er an seinem Spitzbart zu erkennen sei und auch daran, dass er bayrisch spreche. Polheimer wurde gefasst und zurück nach Weikersheim gebracht.

„Und dann? Landete er am Galgen?“

Nein, er wurde dazu verurteilt, zwölf Jahre lang seine Schulden bei Graf Wolfgang abzuarbeiten, und zwar als Schreiber. Bereits nach kurzer Zeit genoss Polheimer große Freiheiten und durfte ab und zu die Burg verlassen. Bei einem seiner Ausflüge verliebte er sich in die schöne Tochter des Sonnenwirtes. Doch auch der Kalkschneider Gerhard Schmidt hatte ein Auge auf das Mädchen geworfen.

„Was ist ein Kalkschneider?“

Ein Kalkschneider ist ein Stuckbildhauer, der aus Kalk und Gips Figuren erschafft.

„Und für wen hat sich die Tochter des Sonnenwirts entschieden?“

Es kam ganz anders: In seiner Eifersucht erstach der betrunkene Gerhard Schmidt eines Nachts seinen Rivalen Michael Polhaimer. Wie Graf Wolfgang reagierte? Er ließ wieder Gnade vor Recht ergehen – aber nicht ganz uneigennützig. Statt den Mörder hinzurichten, verurteilte er ihn ebenfalls zu zwölfjähriger Zwangsarbeit: So erschuf der Künstler ...

„... und Mörder ...“, wirft Ronja ein.

... Gerhard Schmidt die Figuren im Rittersaal.

Mitten im Rittersaal legt sich Ronja auf den Parkettboden, verschränkt die Arme unter dem Kopf und schaut nach oben.

„Ronja, was ist los mit dir?“, fragt Ben besorgt.

„Keine Panik, alles in Ordnung! Ich finde einfach die Bilder so umwerfend!“

Ben legt den Kopf in den Nacken und betrachtet nun auch die vielen Kunstwerke an der Decke.

Die Decke ist ein Meisterwerk. Hier reiht sich ein Gemälde neben das andere – und alle zeigen Jagdszenen. Das weist darauf hin, dass die Jagd das alleinige Vorrecht des Adels war. Nur der Herrscher durfte jagen.

„Das ist ja 3D! Da vorn über der Tür – da springt gerade ein Elefant aus der Wand!“, aufgeregt zeigt Ronja nach oben. Über seinem Kopf sieht Ben einen Rüssel und Stoßzähne.
„Elefantastisch! Dreidimensionale Tiere! Haben die denn früher hier auch Elefanten gejagt?“
Sicher nicht! Aber Graf Wolfgang hat bei einer Reise an den Kaiserhof in Wien vor 400 Jahren den berühmten Elefanten gesehen. Die Herrscher verschenkten damals gern exotische Tiere – entweder um den Geschenkempfänger besonders zu ehren oder um selbst als besonders großzügig dazustehen. Oder beides.
„Siehst du die Säulen?“, fragt Ben, nachdem er lange in dem großen Saal umhergeschaut hat.
„Säulen? Welche Säulen? Ich sehe keine Säulen!“ Ronja versteht die Fragerei nicht.
„Na, wo sind denn die Säulen, welche die ganze Decke über uns tragen?“, fragt Ben mit Nachdruck. „So lange Deckenbalken kann es doch gar nicht geben!“
40 Meter ist der Saal lang und das ganz ohne stützende Säulen. Wie kann es sein, dass dieses riesige Kunstwerk ohne Stützen auskommt? Es scheint ja über uns zu schweben. Und das tut es tatsächlich, denn es ist am Dachstuhl aufgehängt.
„Und der Kronleuchter? Wie hat man die Kerzen da oben angezündet?“, überlegt Ronja. „Bestimmt mit

dem gleichen Trick wie beim Radleuchter auf der Comburg: Der kann wahrscheinlich auch heruntergelassen werden!“, beantwortet sie sich ihre Frage gleich selbst.
„Guck mal, du bist nicht die Einzige, die hier liegt!“, sagt Ben und zeigt auf zwei große Figuren links und rechts vom Kamin.
„Den liegenden Riesen wächst ja ein Baum aus der Seite! Ein Stammbaum! Vielleicht war das so etwas wie ein Fotoalbum von früher? Damit konnten sie ihren Kindern die ganze Verwandtschaft erklären!“
In Ronjas Fantasie wird der Rittersaal von einer gro-

ßen Festgesellschaft bevölkert: Männer, Frauen und Kinder tanzen in festlicher Kleidung zu höfischer Musik.

Graf Wolfgang II. galt als lebensfroher Mensch, der kaum eine Gelegenheit zum Feiern ungenutzt verstreichen ließ. Besuch empfingen er und seine Frau gern, prunkvoll gefeiert wurde natürlich bei wichtigen Anlässen wie Hochzeiten oder Taufen.

„Wie viele Kinder hatten die beiden nochmal? 14? Dann gab es ja wohl genügend Anlässe zum Feiern“, stellt Ben trocken fest.

Zur Taufe der Tochter Katharina Johanna 1579 ging die ganze Hofgesellschaft auf die Jagd, anschließend gab es einen Umtrunk in extra aufgestellten Zelten. Zur Taufe des Sohnes Philipp Ernst 1584 wurden Ritterspiele veranstaltet, bei denen man im Schlossgarten hoch zu Ross mit Lanzen nach einem aufgehängten Ring angelte. Und als der Sohn Albrecht 1586 getauft wurde, dauerte das Fest sogar zwei Wochen! Hier, von der Schlossterrasse aus, hat man einen besonders guten Überblick, denn der Garten liegt tiefer als das Schloss.

„Vielleicht ist das so, weil das Schloss früher eine Wasserburg war?“, überlegt Ben.

Zumindest würde das den tiefen Graben erklären, den wir erst mal überqueren müssen.

„Wie ging es weiter mit Schloss Weikersheim, nachdem Graf Wolfgang II. 1610 gestorben war und seine Gräfin Magdalena als Witwe in Schloss Öhringen lebte?“, möchte Ronja wissen.

Erstmal stand es eine Weile leer – und dann wurde darum gelost.

„Wie bitte?“ Die Kinder staunen.

„Wurde das Schloss etwa als Hauptgewinn für eine Lotterie ausgeschrieben?“

Kaum zu glauben, aber in der Grafschaft Hohenlohe gab es die Tradition, dass die Erben um ihre Herrschaften losten – zum Beispiel im Jahr 1708, als die jungen Grafen Carl Ludwig und sein jüngerer Bruder Johann Friedrich das geerbte Land von Hohenlohe-Neuenstein aufteilen mussten.

„Und? Wer hat den Kürzeren gezogen?“, fragt Ben vorwitzig.

Den Kürzeren hat niemand gezogen. Sie haben nämlich nicht mit ungleich langen Stöckchen gelost, sondern mit zwei Spielkarten: Auf einer stand „Weikersheim“ und auf der anderen „Öhringen“. Die Spielkarten gibt es übrigens heute noch.

„Wieso denn eigentlich losen? Ich dachte, immer der älteste Sohn erbte alles?“, wundert sich Ronja.

In anderen Ländern war das auch so, da bekam der Erstgeborene das gesamte Erbe. In Hohenlohe wurde

aber in jeder Generation der Besitz unter allen erbberechtigten Söhnen aufgeteilt.
„Aber früher hatten die Leute doch viele Kinder“, überlegt Ronja. „Dann wurde ja das Erbe jedes Mal kleiner und kleiner!“
„Wie ging die Verlosung denn nun eigentlich aus?“, will Ben wissen.
Johann Friedrich zog Schloss Öhringen, sein Bruder Carl Ludwig Schloss Weikersheim.

„Und was war besser? Öhringen oder Weikersheim?“, hakt Ben nach.

Öhringen war zu der Zeit ein voll eingerichtetes Schloss. Das Weikersheimer Schloss war dagegen lange Zeit leer gestanden. Dafür hatte es eine gute Lage und viel Platz. Graf Carl Ludwig und seine Frau Elisabeth Friederike Sophie ließen das Schloss zur barocken Residenz ausbauen. Im Inneren entstanden prächtige Wohnräume, zum Beispiel das Spiegelkabinett.

„Hilfe! Da weiß man ja gar nicht, wo man zuerst hingucken soll!“ Ronja reibt sich die Augen. „Sieht aus wie ein Wimmelbild! So viel Gold und Schnörkel und Figürchen!“

„Na, dann such doch mal den indianischen Priester!“, schlägt Ben vor.

„Was soll das sein?“

„Eine Automatenfigur aus Silber, die aufgezogen werden konnte und herumlief!“

„Zum Glück müssen wir hier nicht Staub wischen!“, meint Ronja.

„Und zum Glück müssen wir im Garten nicht den Rasen mähen!“, ergänzt Ben.

Hinter dem Schloss entstand der barocke Schlossgarten mit seinen Springbrunnen, den unzähligen Figuren und der Orangerie. Der Garten war nichts anderes als eine Fortsetzung des Schlosses im Grünen. Dass die Natur in perfekte Form gebracht wurde, sollte zeigen: Der Herr des Gartens herrscht über alles – auch über die Natur.

„Genau wie in Schwetzingen!“

Mit dem letzten Grafenpaar Carl Ludwig und Elisabeth Friederike Sophie endete die Linie Hohenlohe-Weikersheim. Das Schloss wurde nur noch teilweise bewohnt und nur wenig verändert. Für lange Zeit versank es in einen Dornröschenschlaf. Zum Glück – denn so hat sich hier vieles erhalten, was anderswo längst verloren gegangen ist: zum Beispiel die Zwergengalerie im Garten.

„Gartenzwerge? Dafür brauchen wir doch nicht auf ein Schloss! Die gibt es in jedem Kleingartenverein“, sagt Ben.

Die 16 Zwergenfiguren im Schlossgarten sind eine Seltenheit – und sie sind berühmt! Hofzwerge oder Hofnarren gehörten zu einem gut ausgestatteten Hof: Vornehme Herrschaften schmückten sich mit „Gnomen“. Früher nahm man wenig Rücksicht auf die Würde des Menschen. Die „feine“ Gesellschaft amüsierte sich ohne Scham über klein gewachsene Menschen.

„Guck mal, woran erinnert dich der hier?“ Ronja zeigt auf eine Figur mit einem Schinken in der ei-

nen und einem Becher in der anderen Hand.
„An den Heidelberger Perkeo? Also ich finde diesen hier gut!“, meint Ben und spielt einen Trommelwirbel auf einer unsichtbaren Trommel. „Man kann sich den Krach richtig vorstellen, den der machte!“
„Wie wäre es mit einem Ratespiel? Es heißt: Wer bin ich? Und es geht so: Du beschreibst eine der Zwergenfiguren und ich rate, welche es ist!“, schlägt Ronja vor.
„Also gut: Ich habe einen Stab in der Hand und etwas Komisches auf dem Kopf – sieht aus wie eine Blumenvase – oder eine seltsame Frisur!“ Ben formt mit seinen Händen etwas Turmhohes über seinem Kopf.
„Bestimmt bist du der Narr – das passt zu dir!“
„Wo fahren wir als Nächstes hin?“
„Lass dich überraschen!“ Ronja stupst Ben an und rennt voraus.
Macht’s gut, bis zum nächsten Mal!

◆

Warum es dieses Buch überhaupt gibt

Liebe Leserinnen und Leser!

„Ein Kinder- und Familienbuch über die Comburg – das wäre toll!“ Hans-Reiner Soppa, der Direktor der Comburg-Akademie, machte mir Mut. Als Michael Hörrmann, ein Chef der Staatlichen Schlösser und Gärten Baden-Württembergs, von der Idee hörte, fragte er: „Warum nur über die Comburg? Es gibt noch viel mehr interessante Denkmäler bei uns! Denk mal drüber nach!“
So entstand dieser Denk-Mal-Reiseführer über neun wunderschöne Orte in Baden-Württemberg. Es hat mir große Freude gemacht, für euch zu forschen. Ich war viel unterwegs und habe nach den spannendsten Geschichten gesucht! Besonderer Dank gilt Ephorus Gerhard Keitel, dem Schul- und Internatsleiter des Evangelischen Seminars Maulbronn, und Heinz Erhardt, Stadt- und Comburgführer in Schwäbisch Hall.
Viel Spaß beim Lesen, Malen und vor allem bei euren Ausflügen zu den tollen Schlössern, Klöstern und Burgen im Ländle!

Wer weiß, vielleicht hört und seht ihr ja bei euren Besuchen vor Ort Dinge, die in dieses Buch gut passen würden? Dann schreibt und malt eure Entdeckungen auf – und schickt uns eure Post an:

Molino Verlag
Neustetterstraße 23, 74523 Schwäbisch Hall
Oder an: hallo@molino-verlag.de

Wir freuen uns auf viele Briefe! Bleibt neugierig!

Kathleen Uttrodt
Jahrgang 1972, Montessorilehrerin, Spielpädagogin, Denkmalführerin und Autorin. Sie sieht von ihrem Schreibtisch jeden Tag hoch zur Comburg, wo sie schon mit Kindern im Wehrgang Theater gespielt und mit Mönchen im Kreuzgang gesungen hat.

**Liebe kleine
und große Leser,**

in Baden-Württemberg gibt es wahre Schätze zu entdecken. Einige habt ihr bestimmt schon gesehen, andere solltet ihr mal mit eurer Familie besuchen! In diesem Buch findet ihr viele spannende Geschichten und tolle Bilder. Sie wecken den Abenteurer in euch! Das Wichtigste ist aber – genau hingucken! Eine alte Redensart lautet: Man sieht nur, was man weiß. Das trifft vor allem auf die prächtigen Schlösser, kühlen Klöster und wunderschönen Gärten von damals zu. Ich freue mich, wenn ihr uns besuchen kommt!

Michael Hörrmann
Geschäftsführer der Staatlichen Schlösser
und Gärten Baden-Württemberg

Uttrodt, Kathleen
Denkmalreiseführer für Baden-Württemberg
Kloster Großcomburg, Residenzschloss Bad Mergentheim, Schloss Heidelberg,
Schloss Ludwigsburg, Barockschloss Mannheim, Kloster Maulbronn,
Kloster Schöntal, Schloss Schwetzingen, Schloss Weikersheim

ISBN 978-3-948696-00-9

Illustration, Satz und Gestaltung: STORMING Creative Studios, Leonberg
Lektorat: Dr. Matthias Slunitschek
Druck und Bindung: Finidr s.r.o./CZ